מילים פשוטות

מילים פשוטות

הרב עדין אבן־ישראל שטיינזלץ

המכון הישראלי לפרסומים תלמודיים ירושלים

מגיד
MAGGID

מרכז שטיינזלץ
למד את עמי

Rabbi Adin Even-Israel (Steinsaltz)
Simple Words

הרב עדין אבן־ישראל שטיינזלץ
מילים פשוטות

עורכת הסדרה: פרומה הולנד
תרגום: יהודית שבתא
עריכת תרגום: לנה בורגנסקי
הגהה: אהבה פורטגנג

עורך אחראי: ראובן ציגלר
עורכת ראשית: אוריה מבורך
עורכת משנה: אפרת גרוס
עימוד: רינה בן גל
תמונת עטיפה: שמואל לעסרי

דוא״ל לשליחת תיקונים: tikunim@steinsaltz-center.org

ספרי מגיד, הוצאת קורן
ת״ד 4044 ירושלים 9104001
טל׳: 02-6330530 פקס: 02-6330534

www.korenpub.co.il

מסת״ב ISBN 978-965-526-204-9
נדפס בישראל Printed in Israel 2023

"שְׁלוֹשָׁה תַּעֲשֶׂה, תַּחְשׁוֹב בְּשֶׁפֶר, קְנוֹת שָׂדֶה, קְנוֹת רֵעַ וְסֵפֶר"

רב האי גאון

אנחנו מודים מעומק הלב לחברנו

הרב ד"ר יוסף ווסק

סדרה זו רואה אור הודות לחזונו ותמיכתו
בפתיחת דלתות ההגות היהודית בפני כל.

כרך זה מוקדש לקורא, שותף לדרך ולמסע

*"Three possessions should you prize:
a field, a friend, and abook"*

Rav Hai Gaon

With deep gratitude,
we acknowledge the support of our friend,

Rabbi Dr. Yosef Wosk

His vision has enabled us to bring this series to publication
and open the field of Jewish knowledge to all.

This volume is dedicated to reader,
a fellow pilgrim on the path.

תוכן העניינים

הקדמה למהדורה העברית

הספר "מילים פשוטות" יצא לאור באנגלית בשנת 1996. בספר הרב שטיינזלץ עורך דיונים פילוסופיים ותרבותיים המתמקדים במילים ובמשמעותן בניסוח פשוט ואינטואיטיבי. הספר אינו ספר מחקר מדוקדק אלא הוא ספר עיון פופולרי שתכליתו חינוכית־הומניסטית – להחזיר לאנשים את הכושר לחוש בכוח המילים, לקלף חלק משכבות התחכום המלאכותי מעל שפת היום־יום, להשיב לבני האדם את היכולת לחשוב ולהתבטא במונחים ראשוניים ולדבר זה עם זה במילים פשוטות.

כפי שכתב הרב שטיינזלץ, הספר ישיג את מטרתו אם בסיום הקריאה יחושו הקוראים שהדברים שכתובים בו היו ידועים להם מכבר.

הספר נכתב לקהל קוראים כללי – יהודים ושאינם יהודים כאחד. הוא אינו ספר "תורני" או "דתי" במובן שהוא אינו מנסה לקבוע מהי עמדת היהדות על הנושאים הנידונים בו. עם זה, צורת החשיבה של הרב שטיינזלץ ועולם ההקשרים הרחב שנפרש בספר

נוגע לא פעם במגוון נקודות מההגות היהודית לדורותיה ובתמונת העולם היהודית על פי תפיסתו של הרב שטיינזלץ.

מקצת הפרקים עוסקים במילים הנחשבות דתיות, כגון אמונה או אלוקים. הדיון במילים האלה נערך בתוך ההקשר הכללי של הספר, לאמור: פענוח והצעה של השאלות המרכזיות והתשובות האפשריות בנוגע לשימוש במילים האלה. גם בפרקים האלה נקודת המוצא היא שבבחירה במילים אלה האדם המדבר מנסה להביע את אשר על ליבו. הספר אינו שוטח משנה הגותית מקיפה אלא התמונה העולה ממנו היא תמונת אדם חושב ומדבר – תמונה שבה שאלות מדעיות, דתיות, פסיכולוגיות ותרבותיות נידונות יחד ובהרמוניה מסוימת.

הספר נכתב באנגלית במחשבה על קהל קוראים דובר אנגלית. תרגום הספר לעברית כעת, כשלושים שנה אחרי יציאתו לאור, חייבה אותנו לערוך שינויים והתאמות לקורא הישראלי בן זמננו.

אנו מקווים שהמהדורה העברית תפתח לפני הקורא צדדים עמוקים במילים הפשוטות הנידונות בספר. יתר על כן, אנו מקווים שמהדורה זו תאפשר לו לאמץ את דרכי החשיבה וההתבוננות של הרב שטיינזלץ, כפי שהן באות לידי ביטוי בספר, ולהשליכן גם על מילים ומושגים אחרים. בתקופה שנראה בה כי היכולת לדבר זה עם זה אובדת, אנו מייחלים ש"מילים פשוטות" יסייעו בהשבת הדיבור וההקשבה.

העורכים

פתח דבר

מילים, מילים, מילים. המילים רבות כל כך: הן נהגות ונכתבות, מודפסות ומוקרנות, באינטרנט ובגרפיטי על קירות. ויש מילים שנלחשות ומילים שלעולם אינן נאמרות.

עניינו של הספר הזה הוא מילים, אך לא מילים מרשימות ומתוחכמות כגון "הפנמה" או מילים טכניות ארוכות כמו "דימתיל קרבינול"; בספר זה ידובר במשהו ממשמעויותיהן של מילים פשוטות, יום־יומיות.

המילים הפשוטות אינן פשוטות כלל ועיקר. אדרבה, ברבים מהמילים והמושגים שאנחנו משתמשים בהם תדיר גלומים רעיונות מורכבים ביותר. משמעותה של מילה לא תתגלה מתוך מציאת מקורה בסנסקריט או בלטינית, אלא בזכות זיהוי מה שמצוי בדיבורנו או במחשבותינו רק במעומעם. אבני היסוד של המדע המתקדם ביותר הן פרי ההתבוננות במשמעותם של המושגים הפשוטים ביותר: קו, מספר, משקל, אוויר.

העיון בכמה מילים פשוטות ושכיחות המצוי בספר זה דומה להצצה מבעד לעלים בגדר חיה. ממדים חדשים מתגלים במילים שכיחות, גבולות משורטטים ביתר בהירות, וחשיבות התוכן גוברת.

הספר הזה אינו ספר דרשות. המסר שבו, אם ישנו, הוא מסר צנוע ביותר: התאמצו להיטיב להבין את מה שאתם אומרים; יש בכם הרבה יותר משאתם מעלים בדעתכם. לעיתים החוכמה הגלומה במילים השגורות בפינו מפתיעה, ולא בגלל החידוש שיש בה אלא דווקא משום שהיא כבר ידועה לנו.

הרעיון לספר נולד לפני זמן רב, בשנת 1982, כאשר שהיתי במכון ללימודים מתקדמים באוניברסיטת פרינסטון שבארה״ב. בתקופה שעשיתי שם זכיתי ליהנות מן השילוב בין עבודה מאומצת לפנאי לבטלה. מאז עברו הרעיונות המרכזיים שעלו אז בדעתי תהליך של עיבוד ושינוי. בעזרת ארגון Aleph Society מניו יורק, ובמיוחד הודות לשקדנותה של רוֹבִּי מַרְץ, הרציתי את תוכן פרקי הספר הזה בהרצאות לפני קהלים רבים בארצות הברית, שמקצתן נערכו במפגש פנים אל פנים, אך רובן בשיחות ועידה אינטרנטיות מירושלים.

אני מבקש להודות לכל המשתתפים בהרצאות על סבלנותם, על ההערות ועל דברי הביקורת, ואפילו על הבעות הפנים. רבים מדבריהם שולבו בספר.

בזכות עבודתן המאומצת של אילנה שכטר ויהודית שבתא, והתוספות המחכימות של מרג׳ רות דייוויס, היו תמלילי ההרצאות ההן לפרקי הספר שלפניכם.

עדין אבן־ישראל שטיינזלץ

הקדמה

מילים

"החי המדבר" – אין הגדרה טובה מזו לאדם. מקובל לחלק את עולם הטבע לארבע ממלכות: הדומם, הצומח, החי והאדם, המכונה "המדבר". לאדם המדבר ממלכה משל עצמו. שמו המדעי של האדם – Homo sapiens (שמשמעותו "האדם הנבון") – אינו ההגדרה המדויקת ביותר למין האנושי. בעלי חיים רבים – הדולפינים, למשל – ניחנו אף הם ברמה גבוהה של אינטליגנציה, ואפשר שאינם נבונים הרבה פחות מאיתנו. יתרה מזו: ניסיונותיהם של בני האדם לנהוג בתבונה לא עלו תמיד יפה. ואולם העובדה שאנחנו יצורים מדברים בסיסית כל כך בקיומנו, ראשונית כל כך, והיא שמבדילה אותנו משאר הבריות. אולי מוטב היה אילו נקראנו Homo garrulus, האדם המפטפט. הצעה זו אינה הלצה: שם זה אינו מורה רק על ייחודו של האדם, אלא אף על עליונותו.

איננו מיוחדים בכושר התקשורת דווקא: כל הבריות מתקשרות. הציפורים והדבורים ואפילו הצמחים יכולים להעביר זה לזה שדרים באמצעות צליל, מראה או ריח, אך הדיבור הוא תקשורת שונה

בתכלית. למיטב ידיעתנו, תוכן השדרים שבעלי החיים יכולים להעביר הוא רגשות ודיווחים ענייניים ותו לא. הם יכולים להביע מסרים כגון "הינה אני", "אני עומד לתקוף אותך" או "אני עומד להזדווג אתך", על פי הנסיבות. בני האדם יכולים ליצור מילים, שהן סימנים שאפשר להעבירם. אנחנו יכולים לייצג בסימנים כל דבר בעולם: עצמים, חלל וזמן, מושגים מוחשיים ומופשטים, רעיונות ורגשות. אנחנו יכולים לדבר על כל דבר כמעט ולקרוא שם לכל דבר.

בספר בראשית מסופר על בריאת האדם. במדרש בראשית רבה נאמר שכאשר רצה הקדוש ברוך הוא לברוא את האדם הוא נועץ במלאכים, והרעיון לא מצא חן בעיניהם כלל ועיקר.[1] לדעתם, הרעיון לחבר בין נשמה אלוקית ובין גוף ארצי משונה ולא־מוצלח וסופו כישלון. המדרש ממשיך ומספר שאחרי בריאת האדם הראה הקדוש ברוך הוא למלאכים את העולם ואת בריותיו ושאל אותם: "האם תדעו לקרוא שמות לדברים שלפניכם?" המלאכים אמרו שהם אינם יודעים את שמות הדברים.[2] אז הציג לפניהם הקדוש ברוך הוא את הברייה החדשה שברא, את אדם, כדי שיפגין את כישוריו הייחודיים: כל בעלי החיים עברו לפני אדם, והוא קרא שם לכל אחד ואחד מהם, ובכלל זה לעצמו,[3] לאישה[4] ולקדוש ברוך הוא.[5] מרגע זה היה האדם ברייה מיוחדת במינה, השונה שוני מהותי משאר הבריות ונעלה על בעלי החיים ואפילו על המלאכים – ולא בזכות כושר הדיבור בלבד, אלא בזכות היכולת ליצור מילים.

1. ראו בראשית רבה ח, ד.
2. שם יז, ד.
3. בראשית ב, יט.
4. שם, כג.
5. מדרש תנחומא שמיני, ח.

מתת דיבור זו, יש בה תועלת: המילים משמשות אותנו להעברת תמונות, הלכי רוח, מידע ורגשות. אבל אנחנו איננו רק המשתמשים במילים אלא בוראיהן. יש שמתחילים להמציא מילים בהיותם בני שנתיים וחדלים מכך בהגיעם לגיל שלוש, ואחרים ממשיכים להמציא מילים – במקרה או בכוונה תחילה – כל ימיהם. מקור המילים באותו מקום עמוק בתוכנו פנימה שבו כל אחד מאיתנו הוא הבורא. האדם המדבר הוא הברייה היחידה המסוגלת לייצג עצמים או רעיונות במילים. כמובן, האדם מסוגל לעשות דברים רבים מאוד, אם בידיו ואם בכלים האחרים העומדים לרשותו; ואולם ההבדל המהותי, הקפיצה הגדולה, טמון ביכולת להעביר רעיונות מאדם לאדם באמצעות סימנים, כלומר מילים, שהוא בורא. היכולת להעביר ידע, מידע וניסיון לאחרים ולחולל התקדמות מדור לדור היא יסוד התרבות האנושית.

המילים שאנחנו מדברים בפינו מעטות מן המילים שמצויות בתוכנו. איננו רק מדברים במילים עם זולתנו אלא גם חושבים במילים. ייתכן שרמה מסוימת של חשיבה נעשית בלא מילים. בתהליך החשיבה הבסיסי, הקמאי, אין מילים בעלות משמעות מובחנת, אלא התהליך הוא "גשטלט" – מכלול סמלים שיוצרים תבנית אחת. אנחנו מרגישים רגשות, עולים בתוכנו רעיונות יש מאין; יש שהרעיונות מופיעים בתודעתם כתמונה שלמה, ואילו אצל אחרים הם מופיעים כצלילים, כהדים או כריחות. רק אחר כך תהליך השלמה ועיצוב מתרחש, ובו הרעיון לובש מילים. אולם אצל רובנו אפילו החשיבה ברמה הפנימית והעמוקה ביותר כרוכה בשימוש במילים.

המילים הן כלים, וכוחן רב מאוד. כבר לפני זמן רב דימו את הקשר בין רעיון למילה ליחס בין האדם לסוס. הסוס חזק ומהיר בהרבה מן האדם, אך יש לרסנו ולכוונו. הצירוף "אדם וסוס" שונה

בתכלית השינוי מתכונות כל אחד מהם כשלעצמו. האצטקים נדהמו כאשר ראו בפעם הראשונה אדם רכוב על סוס. יצור זה, שלו ארבע רגליים, שתי ידיים, שני ראשים וכן הלאה, היה בעיניהם אדיר הוד, מעורר יראה, אלוקי כמעט.

אנחנו "רוכבים" על מילותינו, אבל למילים כוח עצום משל עצמן. הן כלי שמחולל תמורה מהותית באדם המשתמש בו. מערכת קשרים מורכבת קושרת בין העצמי החושב, החולם והשקוע בשרעפים ובין המילים המשמשות להבעת אותו עצמי – החל בהיגדים פשוטים כגון "אני רעב", "אני רוצה", "אני אוהב" או "אני שונא" וכלה ברעיונות המורכבים ביותר. המילים אינן רק תוצר שאנחנו מפיקים, הן גם יוצרות אותנו. מי שאנחנו, תהליכי החשיבה שלנו, דרכי התגובה שלנו, כל אלה הם תוצר של אוסף המילים המצוי בתוכנו. אכן, "הנשמה מלאה מילים",[6] והקשר ביניהן הדוק כל כך שיש המאמינים שלכל אדם נפסקת בלידתו קצבת מילים, וכשתכלה הקצבה יסתיימו חייו.

למשמעות המילים כוח משל עצמה. המילים נותנות בידינו את הכוח האדיר להעביר רעיונות לאחרים, והן עוזרות לנו לנסח מושגים בדרכים שיאפשרו לנו עצמנו להבינם. כאשר מבינים מהן מילים – לא תוצר היסטורי או הגדרה מילונית, אלא ישויות חיות – כאשר נוכחים הן בכוחן הן במגבלותיהן של המילים, או אז מונחים היסודות לקשר חדש בינינו ובין מחשבותינו.

לפעמים אין מילים בפינו, ולא רק בגלל התופעה הרווחת של שכחת מילה, אלא משום שפשוט איננו מצליחים לבטא רגש כלשהו. לעיתים קרובות יותר המילים יוצאות מפינו מתוך קלות

6. ר' יהונתן אייבשיץ, **יערות דבש**, חלק ב, דרשה יב.

ראש או מקשות עלינו ומכשילות אותנו. למילה יכולים להיות כמה וכמה שימושים ומשמעויות. לפעמים ההבדלים בין בני אדם או בין תרבויות נובעים מהשוני במילים שבהן הם משתמשים. השימוש במילים שונות והבנתן בדרכים שונות הם הגורם והביטוי להבדלים בין אזורים או מעמדות חברתיים. בכמה שבטים פרימיטיביים נבדלות לשון הגברים ולשון הנשים זו מזו, ובני קבוצה אחת מתקשים מאוד להבין את לשון הקבוצה האחרת. אפילו כאשר גברים ונשים מדברים באותה השפה בדיוק, לאותן המילים עצמן משמעויות שונות מאוד בגלל ההבדלים בין המינים. אין מדובר בהגאים שאנו משמיעים: עניין זה פעוט ושולי. אך אם המרחק בין המשמעויות גדול דיו, נוכל לדבר על אותם הדברים, ונוכל אפילו להסתמך על אותן ההגדרות במילון, ועדיין ייתכן שהשימוש במילים לא יהיה מדויק במידה שדי בה להבהרת ההבדל בין שפה אחת לאחרת.[7]

לעיתים בני תרבויות שונות או פשוט אנשים שונים אינם מבינים זה את זה משום שהם משתמשים במילה אחת במשמעויות שונות במקצת. אי־הבנה יכולה להיווצר גם בגלל ההֶקשר. הרושם שנוצר כאשר ילד אומר "אני שונא אותך" אינו זהה בדיוק לרושם שיותירו בנו אותן המילים אם ייאמרו מעל לקנה של רובה המופנה אלינו. לפעמים ניצול הפוטנציאל לאי־הבנה הטמון במילים נעשה בכוונה תחילה. הדיפלומט טליראן אמר: "כוח הדיבור ניתן לבני האדם כדי שיוכלו לשקר". בחירה מכוונת במילים הלא־נכונות

7. לפעמים מדובר בפרטים וכללים. כשם שאפשר שבשפה אחת יהיו מילים רבות לתיאור גוני־משנה של צבע ובאחרת יהיו רק מילים מעטות לכך, כך יש שפות שיש בהן מילים רבות לגוני־גוונים של משמעות, ואילו שפות אחרות יכולות לבטא את המשמעות רק באופן כוללני ולא מדויק.

מאפשרת לשקר ביעילות, אך פעמים רבות בני אדם משקרים שלא ביודעין או לא לגמרי ביודעין.

יש מילים חלשות, מילים חזקות, מילים שמשמעותן עמומה. יש מילים שלעיתים קרובות נאמרות ביתר קלות ומשמעותן מעוותת, והדוגמה הבולטת ביותר לכך היא המילה ״אהבה״. ״אהבה״ פירושה דברים רבים שלעיתים סותרים זה את זה, וכולם נמצאים בתוך קליפה אחת. ואולם קליפה זו היא מה שמצוי ברשותנו, מה שאנחנו חושבים בעזרתו ולעיתים מתבלבלים בגללו. יש מילים אינטימיות מאוד משום שאיננו מדברים בהן רק עם הזולת אלא גם עם עצמנו. בניסיון לעמוד על כל המשמעויות הנלוות להן איננו משכילים רק באשר למשמעותה של מילה; אנחנו לומדים גם את מחשבותינו.

אחת הבעיות שאיתן אנחנו מתמודדים כיום היא פלישתו של הז׳רגון המקצועי, המדעי למחצה, אל תוך שפת היום־יום. הבעיה אינה טמונה במספר מילות הז׳רגון שבמילון, אלא באופן שבו הן משמשות בתקשורת עם הזולת, ולכן – ברובד אחר – גם באופן שהן משמשות בשיג ושיח שיש לאדם עם עצמו. הז׳רגון המקצועי הוא מעין קצרנות: הוא דוחס לתוך מילה אחת או צירוף מילים רעיונות רבים, שיש שהם מורכבים למדי. הז׳רגון כשלעצמו יכול להועיל מאוד, אבל ראוי לייחד את הדיבור בו לנסיבות שלהן הוא מיועד, כלומר לתוך תחומי המקצוע, ששם הדוברים אמורים לדעת את משמעות המילים שהם אומרים. כאשר המונחים האלו נאמרים מחוץ לגבולות המקצוע, בהקשר שונה ולא־מתאים ואולי גם מטעה, לא פעם קורה ששוגים בהבנתם.

למשל, אנשים מדברים לעיתים קרובות על ״סדר גודל״, אף שהיה עליהם לומר פשוט ״גדול״ או ״קטן״; הם מדברים על ״יחסיות״ אף שכוונתם לומר ״לא בדיוק״. בארצות הברית ונראה

שגם באירופה הולך ורווח השימוש בז׳רגון הפסיכולוגי, והוא בא במקומן של מילים אחרות. אנשים אינם אוהבים עוד זה את זה: הם במערכת יחסים. הם אינם שונאים: יש להם סדרת תגובות שליליות. אין להם בעיות: יש להם תסביכים. לתסביכים יש שמות, מקצתם מרשימים למדי,[8] אך למעשה אין הם אלא רגשות ותחושות, וקיומם אמיתי ויכול להכאיב באמת.

מארק טוויין מונה שמונה עשר כללים שסופר מסוים הפר בכתיבתו, ואחד מהם הוא הכלל ״כתוב את המילה הנכונה, לא את בן הדוד השני שלה״.[9] כלל זה מופר תדיר בשימוש בז׳רגון מקצועי. אנחנו בוחרים בדודנים ראשונים ושניים של המילים הנכונות משום שאיננו יודעים מה משמעותן האמיתית של המילים. אנשים הנופלים ברשת הז׳רגון המקצועי מוצאים עצמם אומרים דברים השונים למדי מכוונתם האמיתית. וגרוע מכך: הם אינם יודעים עוד מה הם רוצים לומר.

סכנות השימוש בז׳רגון אינן מסתכמות בכך. בספרו המפורסם ״1984״ ג׳ורג׳ אורוול מתאר כיצד מעצבים את מחשבתם של בני האדם באמצעות שפה מיוחדת.[10] שימוש בשפה שמילים מסוימות נעדרות ממנה כליל ושלמילים אחרות בה יש רק משמעות טכנית קבועה מראש, מעצב בני אדם היכולים לדבר אך אינם מסוגלים לחשוב – לפחות לא על דברים מסוימים. כאשר אין בשפה המילה

8. פעם הצעתי שם ממין זה לתסביך שכיח למדי, תסמונת האם היהודייה. אני מכנה אותו ״תסביך יוקסטה״, כמקבילה לתסביך אדיפוס.
9. הדברים מופיעים בכרך השני של אוסף כתביו. ראו: Mark Twain, *Collected Tales, Sketches, Speeches, & Essays 1891–1910*, Louis Budd (ed.), Library of America, 1992.
10. הספר נכתב בשנת 1949 ותורגם בפעם הראשונה לעברית בשנת 1950. לתרגום מודרני ראו ג׳ורג׳ אורוול, **1984**, עם עובד, 2017.

לתאר דבר מה, אנחנו יכולים להמציא מילה חדשה, אך במרבית המקרים ניתקע ולא יעלה בדעתנו שום רעיון. הבעיה תחריף אם יציעו לנו מילים חלופיות, ובייחוד אם הן קליטות מאוד. אם תוצע לנו החלופה לא ננסה עוד לומר את כוונתנו האמיתית, ונסתפק במשהו קרוב למדי אך לא מדויק.

מעט שבני האדם מתחילים להפנים קצרנות זו, כלומר לנקוט אותה בדבריהם בינם לבין עצמם, אובדות להם בהדרגה דרכי ההתייחסות הפשוטות, הבסיסיות; הם ממירים את המילים הפשוטות בנוסחאות מורכבות הלקוחות מן הז׳רגון המקצועי. אין כאן רק החלפת מילים במילים אחרות, יפות מהן. למילים רבות יש מילים נרדפות שמשמעותן זהה כמעט, והן נבדלות זו מזו רק בהבחנות בלשניות עדינות.[11] לעומת זאת, בשימוש בז׳רגון לא זו בלבד שהמילים משתנות; הז׳רגון משנה גם את משמעותן הפנימית ומעצב את דרכי החשיבה שלנו. אנחנו בוחרים בתבניות מלאכותיות על פני הטבעיות, במילים מורכבות על פני מילים פשוטות, וסופנו שאיננו יכולים עוד לומר את שרצוננו לומר.

אילו רצינו בכך, יכולנו לפטור עצמנו מן הטרחה שבאכילה באמצעות הזנה דרך הווריד. התהליך פשוט למדי, טכני מאוד ואפילו לא כואב, והוא יעיל מכיוון שאפשר לקבל כך את כל הנוזלים והחומרים שאנחנו זקוקים להם. אבל כך נחמיץ את השמחה והטעם שבאכילה. דוגמה נוספת היא האפשרות להחליף את דרך ההתעברות הרגילה בהפריה חוץ־גופית. התהליך יכול להיות מהיר ויעיל הרבה יותר, והוא יחסוך מאמצים רבים וימנע הולֶדת ילדים שאינם רצויים.

11. למשל: המשלב שלהן, ההצטרפות שלהן במשפט והמשמעויות הרגשיות הנלוות אליהן.

אבל השינוי לא יסתכם בדרך ההולדה; הוא יהיה מהותי. אם יהיה עולמנו עולם תכליתי לגמרי שכולו מתכונן מראש, הוא ישתנה לבלי הכר. למרבה המזל הז׳רגון התכליתי טרם הכריע אותנו לחלוטין, אך אנחנו משתמשים בו, ובמובנים מסוימים הוא משתמש בנו.

תפקודה של שפה שכולה ז׳רגון יהיה אולי יעיל יותר, אבל מובטח שהשפעתה על המילים תהיה דומה להשפעת הגידול התעשייתי על הירקות: הם גדולים יותר, הצבעים יפים, והם חסרי טעם. והינה דימוי נוסף: ההבדל בין המילים הפשוטות ובין מונחי הז׳רגון הוא כהבדל בין צליל הכינור, העשיר בגוני קול ייחודיים, ובין צליל מלאכותי טהור.

השימוש בז׳רגון טומן בחובו את סכנת הבלבול, הטעות, התכליתיות והסטייה מן האמת, אך גם השימוש במילים פשוטות אינו חף מבעיות. העושר והמורכבות המופלאה המאפיינים רבים מן הדברים הטבעיים הפשוטים המוכרים לנו מצויים גם במילות היסוד הפשוטות – שהן בדרך כלל המילים הראשונות שאנחנו לומדים. אך אין הן פשוטות כל עיקר: יש בהן הפשטות-לכאורה האופיינית לזעיר שבפרחי השדה, שלאמיתו של דבר מורכב בהרבה מהמכונה המתקדמת ביותר. כשם שריחו של לחם טרי הנאפה בתנור עשיר בגוני ריח ומורכב הרבה יותר מכל חומר ריח מלאכותי המיוצר בבית החרושת על פי נוסחה, גם למילים הפשוטות מרכיבים רבים ומשמעויות נלוות רבות, ונודעת להן השפעה רגשית עצומה. וכמו רבים מן הדברים הטבעיים, הן מתפתחות; אנחנו לומדים אותן בינקותנו, ומעבדים אותן שוב ושוב במהלך החיים.

המילים המסמנות רגשות, תגובות ומושגים בסיסיים חשובות לנו מכול: אהבה, שנאה, ידידות, משפחה, אלוקים, אדם, צדק. הן משמשות אותנו בחשיבה ברמה ראשונית ורבת עוצמה. נערה

הסופרת את עלי הכותרת של פרח (״אוהב; לא אוהב״) שואלת למעשה מהי אהבה? איזו אהבה? על מה כל אדם מדבר כשהוא מדבר על אהבה? כאשר אנחנו אומרים: ״אני אוהב אותך״, ״אני שונא אותך״, ״אני רוצה להתחתן איתך״, ״אני רוצה להיות חבר שלך״, ״אני מקלל את אלוקים״, ״אני מברך את אלוקים״, ״אני מהלל״, ״אני כופר״, אנחנו אומרים מילים שבמקרים רבים איננו מבינים באמת. אנחנו מכירים את המילים האלה זמן רב כל כך, ונדמה לנו שאנחנו מבינים היטב את משמעותן, ולכן לעולם איננו בוחנים ומבינים באמת את משמעותן. משמעותן של מילים מתגלה דווקא מתוך ההתחבטות והמאמץ להבינן. המילים משתנות מאוד בעקבות הניסיון לעמוד על משמעותן; לפעמים אנחנו גם מבינים את עצמנו ואת מה שעשינו כל חיינו מנקודת מבט חדשה, וההבנה זו כשלעצמה היא חידוש גדול.

באחד ממחזותיו של מולייר הגיבור אומר: ״אללי, כל חיי דיברתי פרוזה ולא ידעתי!״[12] הדברים נכונים מאוד. רבים מן הדברים שאנחנו אומרים מדי יום ביומו הם שירה או פילוסופיה או תאולוגיה, אבל איננו יודעים זאת; אנחנו אומרים שטויות רבות בבלי דעת וגם דברי חוכמה רבים, ואף זאת איננו יודעים.

איננו צריכים לנסוע לסוף העולם ולשמוע מילים חדשות וזרות כדי להבין שיש בתוכנו פנימה דברים שאין אנחנו יודעים עליהם דבר וחצי דבר. המסע החשוב ביותר הוא המסע להבנת המילים שאנו אומרים כל העת, המילים שהן סלע היסוד של קיומנו. אילו מילים הן אלה? ממה הן עשויות? למרות כוחן העצום של מילים אלה, הן עמומות מאוד. כל אחד ואחד מאיתנו מייחס להן משמעות,

12. מתוך מחזהו של מולייר, **גם הוא באצילים**.

אבל מהי בדיוק משמעות זו? אם ניטיב להבין את המילים הפשוטות לא ישתנה רק דיבורנו, אלא גם צורת החשיבה שלנו ורגשותינו הבסיסיים ביותר ישתנו. אם נלמד להכיר צדדים מסוימים במילים ניעשה אנשים שונים, ניברֵא מחדש.

העיון במילים פשוטות בספר זה הוא במובן מסוים חקירה ודרישה בבריאת האדם, והינה חזרנו לתחילתם של דברי הקדמה אלה. המדרש מספר שבראשית נבראו אדם וחוה בגוף אחד, ורק אחר כך חצה אלוקים את הגוף האחד וברא את האיש ואת האישה.[13]

מה הייתה התגלית הגדולה ביותר של אדם וחוה אחרי שהופרדו זה מזה? מתברר שהחוויה דמתה להתבוננות במראה: הינה לפניהם "עֶצֶם מֵעֲצָמַי וּבָשָׂר מִבְּשָׂרִי"[14] – ובכל זאת יש הבדל. או אז יכלו אדם וחוה לשוחח זה עם זה בפעם הראשונה. בְּדַברנו עם אדם הדומה לנו אך גם שונה מאיתנו, אנחנו מתחילים להבין לא רק את הזולת אלא גם את מה שאנחנו עצמנו מדברים עליו.

איני יודע באיזו שפה דיבר אדם עם חוה, עם בעלי החיים או עם המלאכים, אבל אני בטוח שהמילים שבפיו היו מילים פשוטות.

13. ויקרא רבה יז, א; תוכן המדרש מזכיר את הכתוב ב**המשתה** של אפלטון.
14. בראשית ב, כג.

טבע

המילה "טבע" היא אחת מאותן מילים עמומות־משמעות שמשמשות – לעיתים ללא הצדקה – לתיאור מגוון רחב של רעיונות ומובנים. לעיתים היא מציינת את הסדר הקיים, אבל "הטבע", בה"א היידוע, מורה בלשוננו גם על דברים אחרים. יש שאומרים "טבע" בגלל רגישות אתאיסטית (או אגנוסטית), אך כוונתם פחות או יותר לאלוקים. הצירוף השגור "אימא טבע" אינו אלא ביטוי אחד מני רבים להאנשה ולאידאליזציה של המושג.

שתיים מההגדרות הרשמיות יותר למונח טבע קשורות מאוד זו בזו. הטבע הוא סך הקיום. כל דבר וכל הדברים, מהכוכבים שבשמיים ועד לאטום הזעיר, מהלווייתנים ועד לכינים, כולם חלק מן הטבע. המונח טבע מורה גם על כל חוקי היקום, החוקים שמסדירים את פעולת כל הדברים ואת הקשרים ביניהם. במובן מעט רחב יותר, הטבע הוא הסדר הרגיל, הנמשך כל עוד אין מתערבים בו.

חוקרים העוסקים בלימוד מדעי הטבע ממעטים מכל אדם אחר להשתמש במילה "טבע". הם שקועים במחקריהם, ובדרך כלל

הם מתמקדים בפרטים, ואין להם הזמן או הצורך לנקוט את המושג הכוללני (והמעורפל למדי). אך מנקודת המבט של מרבית בני האדם, הטבע וחוקי הטבע חשובים הרבה יותר. השאלות שאנחנו שואלים אינן נוגעות לטבע כשלעצמו אלא למפגש שלנו עם הטבע. האנושות יכולה לחיות בהרמוניה עם הטבע, להתנגח בו, להיות אדישה כלפיו – אלה כמה מהאפשרויות העומדות לפנינו. הבחירה הזאת אינה סוגיה מופשטת: אנחנו נתקלים בה בכל פעם שאנחנו בונים עיר או מעשבים גינה, בהדלקת סיגריה או בחינוך ילד.

ראשית יש לזכור שאנחנו, בני האדם, חלק מעולם הטבע. פעמים רבות אנחנו חשים נפרדים ונבדלים משאר הבריות, אם מסיבות טובות ואם מפני שאנחנו יהירים ואגוצנטריים. אנחנו מדברים על "האנושות" ועל "הטבע" כאילו קיומנו שלנו שונה מקיומו של שאר העולם. אולם הדיכוטומיה בין האדם לטבע אינה מובנת מאליה ואינה מדויקת. אומנם בלא נוכחות האדם היה הטבע שונה לחלוטין, אך אף שהאנושות ייחודית ומובחנת, היא חלק מהטבע. בין שנגדיר את הטבע כסך הקיום ובין שנגדירו כמערכת החוקים המסדירה את פעילות כל הדברים, אנחנו נכללים בהגדרת המושג.

לרעיון הפשוט שהאנושות היא חלק מהטבע כמה השלכות דרמטיות. אנחנו אומרים שהטבע שותק; שהוא מתנהל במסלולו; שאין לו עניין בבני האדם; שאין לו כוונות, תכלית או מחשבה. אבל אנחנו חלק מהטבע, ואנחנו איננו כאלה כלל. הטבע המתגלה בסערה אינו חושב ואינו מרגיש, אבל הטבע המתגלה בבעלי החיים חש כאב, משיכה, רעב וכיוצא באלה. הטבע המתגלה בבני האדם חושב, כותב שירה ומתפלל. האומנם אפשר לומר שהאדם איננו יצור חושב מפני שידיו ורגליו אינן חושבות? אחד מן החלקים במכלול

האנושי חושב, ולכן אנחנו אומרים שהאדם הוא יצור חושב ומרגיש. ממש כך עלינו לומר שהטבע מרגיש וחושב, שיש לו תכלית ושהוא עושה טוב ורע – לפחות במידה שאומרים את כל אלה על בני האדם.

ובכל זאת אין ספק שיש הבדל בין בני האדם ובין שאר עולם הטבע. אפילו נניח לשאלה התאולוגית אם אומנם לבני האדם יש נשמה ולשאר היצורים אין נשמה (ואם נטען שלבעלי החיים יש נשמה – אם נשמות בני האדם נעלות מנשמות בעלי החיים), ואפילו נתעלם מן השאלה אם יצורים אחרים מסוגלים להרהר במעשיהם, גם כך נמצא שבני האדם שונים ונבדלים משאר היצורים.

ההבדל החשוב מכול הוא שמטבע ברייתנו יש לנו רצון חופשי, ואנחנו מפעילים אותו בבחירות הרבות שאנחנו בוחרים. חוקים נוקשים (של הפיזיקה והכימיה) או אינסטינקטים ורפלקסים מכתיבים את פעולת שאר עולם הטבע, ואילו אנחנו, מעשינו אינם מוגבלים עד כדי כך מכוח טבענו המולד. הכבשה אינה יכולה להתחיל לצוד בעלי חיים אחרים ולאכול אותם, ואפילו נמר עדין נפש לא יחליט לעולם להיות צמחוני משיקולים הומניים (או נמריים). בני האדם יכולים לבחור בין טריפת טרף לליחוך עשב.

יתרה מזו: לפי אחת ההגדרות האנתרופולוגיות, האדם מתאפיין ביכולת ליצור כלים. מעת שיש בידינו כלים, המגדילים את כוחנו לאין ערוך, אנחנו יכולים לחולל בטבע שינויים עצומים כרצוננו. כך אנחנו רוכשים את היכולת לנוע ממקום למקום, להתגורר מתחת לפני האדמה או מעליה, לבנות ולהחריב וליצור דברים מופלאים שעוד לא היה כדוגמתם. האדם יוצר גם מילים; מאחר שהמילים והשפה עומדות לרשותנו אנחנו יכולים לרקום תוכניות מורכבות ולמוסרן לאנשים אחרים ולדורות הבאים אחרינו, וגם כך אנחנו משנים את הטבע.

השוני בינינו ובין שאר חלקי הטבע ניכר גם בהתנהגות. אנחנו עושים דברים רבים ששום ברייה אחרת אינה עושה; למשל, אנחנו לובשים בגדים. דוגמה נוספת: למעט קניבלים מעטים, אנחנו היצורים היחידים ההורגים את בני מינם אך אינם אוכלים את הקורבנות, וגם מנהג זה אינו טבעי. משחר קיומנו מימשנו את יכולתנו לשנות את העולם כרצוננו, וגבולותיה של יכולת זו הולכים ומתרחבים חדשות לבקרים. לעיתים מימוש הרצון החופשי שלנו מעיד על קלות הדעת, פעמים רבות הוא מעיד על טיפשות, אך תמיד הוא דוחף אותנו לנסות – ולא פעם גם לעשות – דברים חדשים רבים. עד כה הצלחנו ליצור ולהחריב דברים רבים מאוד, ועודנו ממציאים ומחדשים.

עלה בידנו אפילו להפוך חיסרון מהותי ליתרון. מבחינה ביולוגית איננו מצטיינים בשום דבר; יצורים אחרים עולים עלינו בהרבה בכל התחומים כמעט. הם מיטיבים מאיתנו לרוץ, לקפוץ, לשחות ולעשות דברים רבים אחרים. חושינו קהים בהרבה מחושיהם של יצורים אחרים. אפילו המוח שלנו לא ניחן ברבות מן היכולות המרשימות שיש ליצורים אחרים: איננו מסוגלים למצוא את הדרך הביתה כמו הכלבים; איננו יכולים לנווט כמו הציפורים; איננו מסוגלים לנוע בחשכה כמו העטלפים. אך עם כל זאת יצרנו בעשר אצבעותינו מוגבלות־היכולת מכשירים ומכונות המאפשרים לנו לעקוף את הברדלס, להגביה עוף מן הנשר, להיטיב לטוות מן העכביש.

אפשר לתאר את עולם הטבע כתזמורת גדולה שלכל יצור ויצור בה קול וצליל ייחודיים. כשם שאי אפשר להחליף תוף בחליל, כך העכביש טווה קורים והדבורה – לא. אך אנחנו משלבים בתוכנו את כישוריהם של כל היצורים גם יחד, ואנחנו יכולים לעשות הכול. אנחנו יכולים לייצר דבש וגם לעקוץ; לנטוע ולעקור נטוע; אנחנו

יכולים להרוג, ונתונה בידינו ההכרעה אם להעמיד צאצאים או לא. כל היכולות האלה כלולות בטבענו המוזר והמורכב.

בזכות חופש הבחירה אנחנו מסוגלים לעשות דברים המיטיבים ומועילים לנו וגם דברים הפוגעים בנו. גדי לעולם לא יקפוץ מסלע אם אינו בטוח שאין סכנה שייפצע. האינסטינקט להישמר טבוע בו. אי אפשר לסמוך כך על תינוק:[1] פעמים רבות תינוק ינסה לקפוץ או לזחול לקרקע וייפגע. אנחנו יכולים להיות סמוכים ובטוחים שעץ תפוח לא יניב תפוזים, אבל איננו יכולים לסמוך על אדם שינהג בעקיבות. בזמנים עברו הסבירו שהסיבה לחוסר העקיבות היא היצר הטוב והיצר הרע של בני האדם. היום נֹאמר שהסיבה לכך היא שהשתחררנו משלטונם האבסולוטי של האינסטינקטים, ותחת זאת יש לנו היכולת לבחור הן בטוב הן ברע.

כמובן, אפשר לומר שאין חשיבות לשאלה "מה משמעות המילה 'טבעי'?". מדוע נתייגע בה? אומנם אנחנו משנים את העולם, אבל כך עושים גם כל היצורים החיים האחרים, ממיקרובים וחיידקים לצמחים ועד בעלי חיים מורכבים. הדבורים הופכות אבקה לדבש; הפשוטים שבצמחים יוצרים פירות מאוויר, מים, אדמה ואור שמש; להקת ארבה יכולה להפוך ארץ לשממה, ובונים יכולים לגרום להצפת עמקים. מדוע כל אלה נתפסים דברים טבעיים, ואילו חלק ממעשינו נתפסים חריגה מן הטבע?

ראשית יש לעמוד על ההבדל הכמותי. במרוצת הדורות התפתחו יכולותינו ועלו על היכולות של כל יצור אחר כמעט. שינויים רבים מאוד עלולים להפוך לשינוי מהותי (או איכותני) ויכולות להיות להם השלכות בלתי הפיכות. אין הבדל עקרוני בין

1. ראו אבות דרבי נתן, נוסח א, פרק טז.

יצירת אגם רחב ידיים חדש או הכחדת מין ממיני בעלי החיים ובין מעשי בעלי החיים, אבל לממדיו הגדולים של אירוע מעשה ידי אדם השלכות נרחבות בהרבה. חשובה עוד יותר העובדה שאפילו בתוך הגבולות הצרים שבהם גופנו יכול להתקיים, בזכות הגמישות וחופש הבחירה שניחנו בהם אנחנו יכולים לעשות דברים מופלאים, ובהם כאלה ששום יצור אחר אינו יכול. למדנו לרתום את הכוח הרדיואקטיבי ופיתחנו את ההנדסה הגנטית. היכולת הרגשית והרוחנית שלנו רחבה מקיומנו הפיזי, ולפיכך כוחנו לפעול בתחומים אלה גדול אף יותר. איננו יודעים מה גבולות היכולת שלנו ואיננו מודעים לכל ההשלכות של מעשינו, השלכות מפחידות לעיתים, מרוממות רוח לעיתים ומפתיעות תמיד.

חופש הפעולה שניתן לנו מחייב אותנו להיזהר יותר – לא פחות – במעשינו, דווקא מפני שכוחנו רב כל כך. הצורך לשקול את מעשינו בכובד ראש אינו מסתכם בזהירות כללית בעלמא. אם השינויים שנחולל יהיו פתאומיים מדי או מנוגדים לטבע או יחרגו מגבולות מסוימים נפגע במרקם היקום. אפילו אם אנחנו סבורים שאין לטבע עניין בטוב וברע, נראה שהתנועה הכללית חשובה לטבע. יש ממעשי ידינו המנוגדים לטבע – לא משום שהם בלתי אפשריים, אלא מפני שכיוון תנועתם מנוגד לשלו. עלינו לשמור על גבולות מסוימים, שאם לא כן אנחנו עלולים להרוס את גופנו ואת נפשנו.

לרוע מזלנו, גם כאשר אנחנו מגדישים את הסאה איננו מתים מיד. ניסיוננו הקיבוצי כמין וניסיוננו האישי מעידים שתגובת הטבע אינה מיידית תמיד. הצצה אל תוך תהום פעורה אינה מובילה מיד לנפילה; לעיתים ילד המשחק בגפרורים יספיק ליהנות מן האש בטרם ייכווה. איננו מגיבים כמו בעלי החיים גם לרעל או לעוול; אנחנו מסוגלים לבלוע את שניהם. משום כך אנו עלולים

להזיק בבלי דעת למצבנו הגופני והמוסרי, עד בוא התוצאה הבלתי נמנעת.

מסיבה זו עלינו ללמוד אילו חוקים וכללים מסדירים את פעולת הטבע ואילו מהם אנחנו חייבים לשמור. בכל הנוגע לעשייה הפיזית, כיום יש ברשותנו מאגר גדול של ידע בתחום האקולוגיה, אף שהוא אינו שלם ובמקרים רבים אינו חד־משמעי. תחום זה מתפתח ונעשה פופולרי בשל החשש שנחרוג מן הגבולות ונביא לחורבננו. סכנה זו מאיימת גם על התנהגותנו ועל אורחות חיינו. חלק מן הדברים הרבים ששכלנו מסוגל להם מצויים בתוך הגבולות שקבע הטבע, או לפחות בפינה בטבע שבה אנחנו שוכנים, אך אחרים מנוגדים לכיוון התנועה הכללי של הטבע, וסופם שיביאו להשמדתנו.

שאלת היסוד שיש לשאול היא אפוא אם עלינו "לחזור אל הטבע", להישאר במקומנו או להמשיך להתפתח. האם עלינו לשפר את הטבע, לשנות את הטבע, להחריב את הטבע? האם עלינו לעשות כל דבר מלאכותי שבכוחם של בני האדם לעשותו?

שאלה זו מעולם לא הייתה תאורטית בלבד, והיא נעשית דוחקת יותר בתקופתנו, שבה הולך ומתעצם כוחם של הדברים ה"לא־טבעיים" שאנחנו יוצרים. עלינו להכריע בשאלה מה מידת ה"טבעיות" הרצויה. הכרעה זו נוגעת לשאלות פשוטות אך היא אינה מוגבלת לתחומן. בדרך כלל לא אבעט באדם אפילו אם אני רוצה לעשות זאת, אך אין לסמוך על כלב או על חמור שינהגו באיפוק כמוני. האם מוטב לשוב ולסגל לעצמנו את כללי הנימוס הנהוגים בטבע או שמא ראוי שלא לנהוג לפיהם? האם ניתוחים פלסטיים ראויים? האם גורדי השחקים מנוגדים לטבע או שמא מוטב להוסיף לבנות אותם? האומנם "אוכל טבעי" – עניין פופולרי מאוד

היום – טוב ממזונות אחרים? האם יש פסול מוסרי ברכישת ירקות ופירות מגידול אורגני במחיר כפול?

ה"טבעיות" של דבר אינה מעידה בהכרח שהוא טוב מדברים אחרים; כיכר לחם יפה למאכל יותר מגרעין חיטה.[2] אנחנו מסוגלים לאכול ולעכל סוכר אף שהוא עלול להזיק לבריאותנו; אנחנו יכולים לאכול נייר, אך איננו מסוגלים לעכל אותו. מקובל לומר שממתיקים מלאכותיים אינם טובים מפני שהם אינם טבעיים, אבל אנחנו יודעים לייצר אותם מחומרי גלם שונים. אנחנו יודעים כיצד ליצור בדים מנפט; אנחנו יכולים לעשות דברים משונים מאוד. האם עלינו לשוב אל הטבע? באיזו מידה? ואם אומנם נכריע לטובת השיבה לטבע, מדוע נהיה צמחונים כמו הפרה ולא טורפים כמו האריה? הלוא גם האריות הם חלק מן הטבע. הכוח לבחור נתון בידינו, ומשום כך אנחנו נבוכים.

על שאלות אלה צריכים לענות לא רק כל אדם ואדם אלא האנושות כולה. יש שיציעו תשובות חותכות: כל מה שטבעי – כלומר כל מה שהאדם לא התערב בו או שינה אותו – טוב, וכל הדברים הלא־טבעיים אינם אלא רעוֹת מעשה ידי אדם. דילוג קל לאחור על ציר הזמן של הפילוסופיה ועיון בדעותיו של ז'אן־ז'אק רוסו מלמדים שהאידאליזציה של הטבע אינה רעיון חדש. כמה וכמה שיטות חינוך התבססו על רעיונות אלה. יתרה מזו: הם השפיעו על כמה מהתנועות הפוליטיות הגדולות בתקופה המודרנית.[3] מרבית הניסיונות האלה

2. מדרש תנחומא תזריע, ה.
3. למרבה הפלא, למרות ההבדלים הרבים בין שתי התנועות, הן ביסוד הנאציזם הן ביסוד הקומוניזם עומד רעיון החזרה אל הסדר הראשוני. כמובן, התנועות שונות מאוד זו מזו בהבנת מהותו של אותו סדר ראשוני.

הסתיימו בכי רע, אפילו באסון,[4] כי מתברר שהמילה ״טבע״ אינה מילה נרדפת ל״טוב״.

אפילו נחליט שאומנם אנחנו רוצים לשוב אל הטבע, לא נוכל לעשות זאת. אנחנו חלק מהטבע אך גם נבדלים ממנו, ולפיכך אנחנו מתקשים לקבוע מה מצבנו הטבעי ומה אינו טבעי לקיומנו. הקושי גדל משום שהמין האנושי שונה מכל מין אחר, ואין שום קבוצה ״טבעית״ שאפשר להשוותו אליה. יש בעולם חולדות בר וחולדות מעבדה, תאו בר ובקר הבית; אין ״אדם בר״ המצוי ״במצבו הטבעי״. אפילו האנשים והתרבויות הפרימיטיביים ביותר מובחנים מן הטבע. מעצם אנושיותנו נובע שחלק ניכר מקיומנו הוא מלאכותי, מעשה ידי אדם.

למרות כל זאת, עלינו לנהוג זהירות ב״אקולוגיה הרוחנית״ שלנו. אפשר לשאוב מן הטבע מודלים וקווים מנחים כלליים באשר למה שאפשר וראוי לעשות, אך יש לזכור שאף הכללים האלה התנסחו בפינו והם אינם כתובים במפורש בשום מקום. לפעמים מותר להניחם, להתעלם מהם או לשנותם. עלינו לכבד את הדפוסים הכלליים שאנחנו מזהים בפעולת הטבע, אך אל לנו לאמצם בלא סייג.

אימוץ ״חוקי הטבע״ ככללים שינחו את חיינו עלול להיות מסוכן למדי. חשבו למשל על תפיסת העולם הדרוויניסטית, שלפיה ״החזק שורד״: התאוריה הזאת שימשה להצדקת כמה וכמה מעשים מכוערים ומרושעים ביותר, ובכלל זה רצח (ואפילו רצח עם). לא די שיש בכך פסול מוסרי, אלא שהיא משמשת דוגמה לכך שאנשים

4. לחובבי הספרות היפה אפשר להמליץ על ספרו של ויליאם גולדינג, **בעל זבוב**, ספריית פועלים, 1986; או על העיבודים הקולנועיים שלו.

יכולים לעוות רעיון, להפוך אותו לסיסמה ולהשתמש בה לעשיית רע.

אפילו נחליט לנהוג על פי "חוק הג'ונגל", הדברים אינם פשוטים כפי שיכולנו לחשוב. הג'ונגל הוא מערכת מורכבת; חיים בו המוני יצורים, ורבים מהם שונים זה מזה בהרגליהם. הן העכבר הן הפיל חיים בטבע, אבל הם אינם דומים זה לזה כלל, והתנהגותם שונה. האמבות והמקקים ניחנו בכושר הישרדות מפותח: הם קיימים בעולם זמן רב מכל יצור אחר. האם עלינו לאמצם למודל שלפיו נעצב את חיינו? הטירנוזאורוס רקס והטיגריס השנחרבי נכחדו מן העולם לפני עידן ועידנים, ואילו הדיונון ואפילו השלשולים עודם קיימים. היכולת להסיר את ראשו של יצור אחר בנשיכה אינה סימן לעליונות, אפילו לא בהופעתו הפראית ביותר של הטבע.

על פי אילו מודלים ראוי לעצב את חיי החברה והמשפחה שלנו? גם שאלה זו אינה שאלה תאורטית. מהן אמות מידה שלפיהן נזהה את המודל הטוב ביותר? הטבע מציע לנו מודלים רבים ושונים, ולכן בחירת המודל הראוי תלויה בהשקפת העולם של האדם הקובע את אמות המידה. הטבע רב־גוני, מוזר ועתיר אפשרויות מכדי שנוכל להפיק ממנו הנחיות ספציפיות להתנהגות אנושית. אם נזכור את ההסתייגויות האלה, אנחנו רשאים לחפש בטבע הנחיות כלליות, ולו כדי לדעת מתי מעשינו רעים מאוד.

בתלמוד נאמר: "אילמלא לא ניתנה תורה היינו למידין צניעות מחתול וגזל מנמלה ועריות מיונה".[5] עריות מיונה – משום שנראה כי היונים מסורות זו לזו, יש להן בן זוג אחד בכל חייהן ושיעור

5. בבלי, עירובין ק ע"ב, על פי איוב לה, יא.

הגירושין שלהן נמוך משיעור הגירושין אצל בני האדם. יש שהן מתקוטטות זו עם זו ולא תמיד הן חיות "כזוג יונים", אך לפחות הזוגות קבועים ואינם מתפרקים. צניעות (כלומר היגיינה) מחתול – משום שהחתולים מנומסים ומכסים את צואתם בקפידה. אולם גם היונה והחתול אינם זוכים לאישור גורף שכל אורחות חייהם צריכים לשמש מודל לבני האדם. מנין לנו שלא מוטב ללמוד התנהגות מינית מן החתול והרגלי ניקיון מן היונה? המציאות שתיווצר כך תהיה שונה מאוד, אך גם היא תהיה חיקוי של הטבע.

אם כן, הטבע כמוהו כספר אדיר ממדים שבו דפים רבים; בכל אחד מהם תמונות שונות, ורבות מהן סותרות זו את זו. כמו באנתולוגיות או בקובצי פתגמים, נוכל תמיד למצוא בו דוגמאות שיוכיחו כל דבר הטעון הוכחה. בזכות חופש הבחירה אנחנו יכולים לעשות כרצוננו, והקשר בינינו ובין הטבע דוחק בנו לחפש בטבע הכוונה ובו בזמן לעבד ולהתאים לצרכינו את מה שנמצא בו. לקריאה ב"ספר הטבע" חייבת להתלוות פרשנות, כי אלמלא הפרשנות נתבלבל מעושר המידע המצוי בין דפיו.

ובכל זאת יש כמה יתרונות להיוועצות בספרו של הטבע. נוכל ללמוד ממנו על התנהגותנו, על רגשותינו, על מנהגינו: האם אינם אלא מבנים מלאכותיים בני־חלוף ובדרך הטבע יקרסו אם נפסיק לתומכם במודע? כאשר דברים מסוימים יכולים להתקיים ואף משגשגים בסביבתנו, או אז אנחנו יודעים שמעשינו מתיישבים עם הטבע ואינם פועלים נגדו. כמובן, אפשר לתמוך במבנים שאינם יכולים לעמוד בפני עצמם, ואומנם אנחנו עושים זאת; אבל היטב ידוע לנו שסופם לקרוס. גם אם נבין טוב יותר את חוקי הטבע לא נהיה מחויבים לציית להם, אך אסור יהיה לנו להתעלם מהם.

ההתבוננות בטבע יכולה אפוא להציע תשובה כללית לשאלה אילו דברים בני־קיימא ואילו דברים בני־חלוף, איזו דרך תוביל אותנו בכיוון הנכון ואיזו דרך מובילה למבוי סתום.

אם נתבונן כך בטבע נראה שרבים מן הרעיונות המוסריים והפילוסופיים הנשגבים המוכרים לנו אינם אלא ניסוחים מילוליים של דברים הקיימים בעולם הסובב אותנו. איננו יכולים לצפות מהטבע לבטא אותם במילים, אבל הם מצויים בו בצורות אחרות. הציפייה למצוא את הניסוחים המוכרים בטבע כמוה כציפייה שאנחנו, שניחנו במתת הדיבור, נשמע את דברי מי שיכול לתקשר רק בשפת הסימנים. לשווא נחפש את עשרת הדיברות בתוך מאובן, אך אפשר גם אפשר למצוא את מימושם בבריות חיות ובעצמים דוממים. דברים אלה אינם אמורים רק ברעיונות רחבים מאוד כגון חשיבות החיים, עזרה הדדית וכיוצא באלה. למשל, מושג הקִדמה נשמע חדשני ביותר, אבל הוא בא לידי ביטוי בכל זרע שנובט וגדל לעץ.

ההתבוננות בטבע יכולה לסייע גם בפתרון כמה מן הבעיות והדילמות של זמננו. אנחנו יכולים להסתמך על הידע שבספרים ועל רעיונות תאורטיים, אבל נוכל גם ללמוד שיעורים בחינוך מההתבוננות בחתולה המלמדת את גוריה לצוד, וטיפול בצאצאים – מן הציפורים. מבעלי חיים מסוימים נוכל ללמוד התנהגות מינית טובה, ומכל יצור חברתי נלמד כיצד ראוי לנהוג בשעת מלחמה. בעלי החיים יכולים ללמדנו גם את חשיבות החיים ואת ערך ההקרבה העצמית.

אם כן, הטבע יכול ללמדנו דברים חשובים רבים. אפשר לראות בו את דרך התרחשותם הטבעית של הדברים, כלומר כיצד הם מתרחשים בלי התערבות היכולת האנושית המיוחדת לכופף ולשנות את האינסטינקטים. אין הכוונה שלא נמצא בטבע מקבילות גם לנתעבים שבמעשים; אדרבה, ההיגיון מחייב שהם יימצאו בטבע.

אם איננו מוצאים בטבע מקבילות למעשים או לדפוסי התנהגות כלשהם, אפשר בהחלט שהם מושג מופשט שאינו יכול להתקיים אלא במחשבה ולעולם לא יתממש בגלל סתירות פנימיות. אם היכולת הנפשית והמעשית לעשות דבר מה מצויה אצל בני האדם, לא ייתכן שאין לה מקבילה בטבע שמחוץ לעולם בני האדם.

אולם חשוב להבין: התנהגות חריגה שנמצאת בטבע אינה יכולה לשמש מודל להתנהגות כללית. יש קונצנזוס ויש חוקים כלליים וחוקים כלליים יותר, ועלינו לבקש הדרכה בחוקים הכלליים הנהוגים בטבע שסביבנו. אומנם לא מן הנמנע להתרחק מאוד מן הטבע ה"פראי", אבל התרחקות שכזו מחייבת משנה זהירות. אם השביל שאדם הולך בו מובילו לשממה, ייתכן מאוד שטעה בדרך. אפשר לחפש קיצורי דרך, אבל על פי רוב לשבילים הכבושים היגיון משלהם, גם אם נראה שההליכה בהם ארוכה מהדרוש. כמובן, אין משמעות הדבר שבזכות בקיאות בסדרי הטבע מובטח לנו שנהיה אנשים טובים, אבל הסיבה לכך היא שנתון בידינו החופש לדעת כיצד ראוי לנהוג ולמרות זאת לא לנהוג כך.

חכמינו אמרו כל זאת לפני זמן רב. כאשר ברא הקב"ה את האדם הוא אמר "נַעֲשֶׂה אָדָם בְּצַלְמֵנוּ כִּדְמוּתֵנוּ".[6] הפירוש המסורתי הוא שאלוקים דיבר עם המלאכים. אם זו כוונת הכתוב, התוכנית לא עלתה יפה – איננו דומים למלאכים. לפי פירוש אחר, אלוקים דיבר אל כל הבריאה כולה, אל כל הטבע.[7] לפי פירוש זה, המילים "נַעֲשֶׂה אָדָם בְּצַלְמֵנוּ כִּדְמוּתֵנוּ" הן בקשה מכל אחד ואחד מהברואים לתת לאדם משהו משלו. השועל והיונה, הנמר והכבשה,

6. בראשית א, כו.
7. ראו **ספר העיקרים** לר' יוסף אלבו, חלק ג, פרק א.

העכביש והדבורה – כולם נתנו חלק קטן לבריאת האדם, וכמותם גם המלאכים והשדים.

כל החלקים האלה מצויים בתוכנו. יש בינינו שדומים לשועל ואחרים דומים לכבשה, אבל ככלל יש בנו כל תכונה ותכונה הקיימת בטבע. מבחינה זו הטבע כולו מיוצג בתוכנו, והמקרוקוסמוס מצוי בתוך המיקרוקוסמוס שלנו.[8] עלינו ללמוד מכל שותפינו לעולם ולהתפלל שבזכות החלק הייחודי לנו בלבד – הניצוץ האלוקי, "נשמת החיים" שהקב"ה נפח באפנו – נשכיל לבחור בדרך הנכונה.

8. אבות דרבי נתן, פרק א.

טוב

בימי הביניים נהגו להבחין בין שלושה סוגים של ״טוב״: הנעים, המועיל והמוסרי. גם היום אנחנו אומרים שאדם יפה תואר הוא ״טוב מראה״ ושלמאכלים שערבים לחיכנו יש ״טעם טוב״. גם הדברים המועילים ״טובים״, אף שכמו תרופה מרה לעיתים אין הם נעימים.

כל סוג מסוגי הטוב – האסתטי, המועיל והמוסרי – מתנהל על פי מערכת כללים ייחודית בעלת היגיון פנימי משלה, ולמרבה הצער אין ביניהן קשרי גומלין. משום כך ייתכן שדבר יפה למראה יהיה בלתי מוסרי, לא מעשי ואפילו מסוכן. לדוגמה, רוב הפטריות הרעילות יפות הרבה יותר מן הפטריות הראויות למאכל. וכן להפך: דבר שאינו אסתטי אינו בלתי מוסרי בהכרח, ואדם מכוער יכול להיות צדיק גמור.

הגדרת אמות מידה אובייקטיביות לשני סוגי הטוב הראשונים פשוטה, וכאשר מתעוררת שאלה בעניין היות דבר ״טוב״ לפי הגדרה זו, אפשר להיוועץ במומחים. לעומת זאת, הקטגוריה השלישית, הטוב המוסרי, אינה קלה להגדרה. אי אפשר למדוד אותה בכלים

אובייקטיביים ואין מומחים רבים בתחום זה, ואף עם המומחים המעטים כמעט אין מתייעצים. מקובל לומר על דברים שהם ״טובים בעליל״ או ״רעים בעליל״, אך מנין אנחנו יודעים זאת? האם טבוע בנו חוש מוסרי מולד המדריך אותנו? אם אומנם קיים חוש כזה, מקומו המדויק במוח טרם נמצא. ואפילו הוא קיים, באיזו מידה אפשר לסמוך עליו?

השאלה כיצד אנחנו בוחרים בין טוב לרע אינה סוגיה תאורטית מופשטת ותו לא, שהרי אנחנו מכריעים בענייני מוסר מדי יום ביומו, פעמים רבות ביום. אנשים רבים חיים כל ימיהם בלי לעסוק בענייני אסתטיקה, ואפשר לדבוק בדברים שאינם מועילים או להסתדר בלי דברים שעשויים להועיל לנו, אבל אי אפשר להתעלם משאלות בדבר טוב ורע. אם אנחנו מצויים לבד ואם בחברת אנשים, אם אנחנו פעילים ואם פאסיביים, אנחנו נדרשים לשיפוטים מוסריים כל הזמן. אנשים מעטים מאוד נכונים להכריז קבל עם ועדה שאינם מתחשבים בהבחנה בין טוב לרע, אך רבים נוהגים כך בפועל. יש אנשים ש״חדלו להבחין בין טוב לרע, להוציא נטייה מסוימת לרע״.[1] אדישות מעין זו, שעליה מכריזים בפרהסיה כמה פוליטיקאים ו״אנשי מעשה״, היא עצמה פרי הכרעה. כל התעלמות מן הפן המוסרי של המציאות היא בחירה ברע, ולא ברע הרומנטי שב״פרחי הרע״ של בודלר,[2] אלא במובן מעשי ביותר.

האם החוק יכול להנחותנו? רבים רואים בחוק את התגלמות הטוב המוסרי, אך לאמיתו של דבר מטרת החוק היא יצירת סדר חברתי ושמירה עליו. בימינו החוק אינו מתיימר לעסוק בסוגיות

1. כדברי הגיבור בסיפור הקצר ״טוברמורי״ מאת סאקי (ה״ה מונרו). ראו: H. H. Munro, *The Complete Works of Saki*, Doubleday, 1976.
2. שארל בודלר, **פרחי הרע**, תרגום דורי מנור; הקיבוץ המאוחד, 1997.

מוסריות או בטוב ורע. רוב מערכות המשפט המודרניות ברחבי העולם אינן מאמינות עוד ב"חוק טבעי" שאפשר אולי לראות בו ייצוג של הטוב והמוסרי. אומנם מחוקקים במדינות שונות טוענים – כנראה מתוך הרגל או בגלל שיקולים פוליטיים – כי קיים קשר הדוק בין מערכת החוק ולמוסר, אבל בפועל מערכות החוק מבקשות בראש ובראשונה להיות עקיבות ולשקף את הלכי הרוח והמאוויים העכשוויים של האוכלוסייה הכפופה להן.

לאמיתו של דבר יש בחיים דברים רעים לרוב שהחוק אינו נדרש להם כלל, אם משום שאין לו עניין בהם ואם משום שאין לו היכולת לשנותם. צדדים רבים בהתנהגות האנושית, מעסקאות כספיות ועד למעשי כל אדם ואדם, עולים בקנה אחד עם החוק אף שיש בהם פגם מוסרי. אדם יכול לפגוע בזולתו, לנהוג בו בגסות רוח ולאמלל את כל הסובבים אותו, ולמרות כל זאת לא לעבור על החוק. החוק אינו יכול אפוא להורות את הדרך אל הטוב המוסרי.

רבים מאיתנו מאמינים שיש – ואולי אף שמעו – "קול דממה דקה"[3] פנימי המסייע לנו לדעת טוב ורע. אולם אותו קול פנימי-לכאורה הוא פרי הזמן, המקום והתרבות ואף הטעם האישי. אנו חיים בתרבות רועשת מאוד המפגיזה אותנו בספרים, כתבי עת, עיתונים, רדיו, טלוויזיה, סרטים, מכשירים ניידים ומשחקי מחשב – קולות רבים מספור המבקשים להדריך אותנו, לייעץ לנו, להשפיע עלינו או לשכנענו. הקולות האלה מחדירים בנו רעיונות, ולא פעם אנחנו חוזרים עליהם מבלי משים. אפילו כאשר אנחנו חושבים שאנחנו הגינו את הדברים שבפינו, ייתכן שאנחנו חוזרים על דברי הקריין בטלוויזיה ששמענו לפני זמן מה. לעיתים קרובות אין אנחנו בודקים

3. מלכים א יט, יב.

את הדברים שאנחנו שומעים ובכל זאת אנחנו מאמינים בהם, דבקים בהם ומשתמשים בהם. אי אפשר כמעט להבחין בין רגש אמיתי ובין רעש חיצוני.

גם בתקופות רועשות פחות מתקופתנו לא היו בני האדם מבודדים זה מזה. ראשית ההשפעות החיצוניות בהורינו, ועם התבגרותנו מעגל ההשפעה מתרחב וכולל גם את ידידינו ואת החברה ככלל. גם בחברה הקטנה ביותר יש אנשים בעלי השפעה שדעותיהם נטמעות אצל בני החברה. יתרה מזו: נגיעתנו בדבר מעיבה בהכרח על השיפוט המוסרי שלנו. נגיעה בדבר פירושה שאנחנו נוטים להצדיק את מעשינו גם כאשר אנחנו יודעים ששגינו. אנחנו מתבצרים מאחורי טיעונים שונים ומחזקים את הביצורים בטיעונים נוספים כדי לשכנע את עצמנו ואת הזולת שפעלנו כשורה.[4] דברים אלה אינם ביטוי לספקנות מודרנית: שלמה המלך כבר אמר "כָּל דַּרְכֵי אִישׁ זַךְ בְּעֵינָיו".[5] מכל הסיבות האלה אנחנו יכולים לסמוך על "השכל הישר", על התגובה הטבעית שלנו, במקרים מעטים בלבד, ובדרך כלל אין הם המקרים שחשיבותם רבה.

בחברות קטנות יש הסכמה כללית בשאלה אילו דברים טובים ואילו דברים רעים מבחינה מוסרית, ומהסכמה זו נגזרים כללי התנהגות ברורים וחד־משמעיים. ההכרעות המוסריות של בני החברה נעשות מבלבלות יותר ככל שהחברה גדולה והטרוגנית יותר, משום שלכל תת־קבוצה בחברה טוב ורע משלה. ממחקרים אנתרופולוגיים וסוציולוגיים עולה שאי אפשר כמעט לזהות דבר אחד שנחשב בלתי מוסרי בכל העולם כולו. בדומה לכך נתקשה מאוד למצוא דבר

4. ראו משלי יב, טו.
5. שם, טז, ב ועוד.

שנחשב טוב בכל העולם. במקרים רבים חוקי ההסכמה החברתית אינם כתובים ואף אינם מנוסחים במפורש. אומנם אנשים מצייתים להם, אך ייתכן מאוד שהם אינם יודעים שהכרעותיהם אם לעשות מעשה או להימנע מעשייתו מבוססות על כללי מוסר.

כאשר אנשים בני תרבויות שונות נפגשים ומחפשים מכנה משותף בתחום המוסר הם מגלים את היחסיות המוסרית. כללים הנחשבים רגילים ואף ברורים מאליהם בחברה אחת עשויים להיראות תמוהים לחלוטין בעיני בני חברה אחרת. למשל, רוב החברות בעולם אינן מתירות קניבליות, אך היו חברות שבהן התקיים המנהג בפרהסיה וברוב טקס. ייתכן שאנחנו סולדים מקניבליות מטעמי מוסר, אבל ייתכן בהחלט שהיא מחרידה אותנו משום שהיא בגדר חריגה מכללי ההתנהגות הנאה המקובלים עלינו.

המבוכה אינה מסתכמת בכך. דברים הנחשבים לפגיעה מוחלטת בחוקי המוסר בנסיבות, במקום ובזמן מסוימים אינם נחשבים מגונים כל כך בנסיבות אחרות. אפילו חוקים שעניינם סוגיות מוסריות מובהקות כגון רצח אינם תלויים בנורמות המוסר של חברה מסוימת בלבד אלא גם בתנאים הקיימים בה ברגע כלשהו בהיסטוריה. מדינה הנתונה במלחמה מכשירה את אזרחיה להרוג. אפשר לתאר את המעשה בשמות יפים יותר, אבל לאמיתו של דבר אין כאן אלא רצח בחסות החוק, ולא פעם הוא גם מקבל תוקף מוסרי.[6] הינה דוגמה משונה: במלחמת העולם השנייה, כאשר ניתנה ההוראה להאפיל את הבתים, ילדים למדו שאסור שהאור הדולק בתוך הבית ייראה בחוץ.

6. ברומן הרוסי מאת ליאוניד ליאונוב, **הגנב**, 1931, מתוארים קורותיו של אדם שהיה חייל מצטיין במהפכה הקומוניסטית, אך לא הצליח לשוב ולהסתגל לחיים בחברה האזרחית הנורמטיבית. הספר ראה אור בעברית בשנת 1958.

לאחר סיום המלחמה ראו הילדים את הוריהם פותחים את התריסים בלילה והזדעזעו מהמעשה ה"בלתי מוסרי".

האם יש להסיק מכל זאת שהטוב והרע יחסיים תמיד ולפיכך דבר אינו פסול? האם אין שום חוקי־על בעולם המוסר? למשל, האם ייתכן שכל בני חברה או תקופה כלשהי עושים רע?

משפטי נירנברג יכולים לשמש דוגמה לשאלה זו. במשפטים אלה הועמדו מנהיגים נאציים לדין כפושעי מלחמה. אולם כל הפשעים שעליהם נשפטו היו חוקיים בתכלית לפי חוקי גרמניה הנאצית, חוקים שנחקקו ואושרו בהליך דמוקרטי לחלוטין. ההנחה שעמדה ביסוד המשפטים הייתה שיש מעשים שאינם חוקיים גם כאשר החוק – לפחות החוק המקומי – מתיר אותם, משום שיש בהם הפרה של כללי המוסר האוניברסליים המחייבים את כל האנושות ואינם תלויים בחוק המקומי, בסמכות השלטון, בנורמות החברתיות, באידאולוגיות ובתעמולה.

השאלה שלא ניתנה עליה תשובה במשפטי נירנברג, ואולי לא תיענה לעולם, היא מאין אנחנו לומדים את חוקי־העל האלה. אילו אמיתות מוסריות מוחלטות תקפות כשאין לבטוח בזולת, כאשר דברי מפקד הצבא והשופט בבית המשפט נכונים בעיני החוק ומקובלים על החברה ועם זאת הם רע צרוף?

אדם שמאמין באלוקים רואה קשר בין אלוקים ובין אמות המידה להערכת טוב ורע. אולם אמות המידה האלה אינן נטמעות באדם תמיד, ולא פעם אנשים פועלים על פיהן מפחד "המשטרה" ולא מפני שהם מאמינים שהמעשים עצמם טובים או רעים. סבא רבא שלי, שהיה אדמו"ר, נסע פעם בעגלה בכביש כפרי. בדרך ראה העגלון מטע תפוחים, והוא קפץ מן העגלה והתחיל לקטוף פירות.

טוב

הרבי צעק: ״רואים אותך! רואים אותך!״ העגלון לא התמהמה: מיד קפץ לעגלה ודרבן את הסוסים לדהור משם מהר ככל האפשר. לאחר זמן מה, אחרי שהתרחקו כברת דרך מן המטע, עצר את העגלה העגלון ואמר: ״לא ראיתי איש מסתכל!״ השיב לו הרבי: ״ה׳ רואה אותך״.

גם אדם שאינו מאמין באלוקים יכול להאמין שיש ערכים שאמיתותם מוחלטת, וכדי שיהיה להם תוקף הם חייבים לחרוג מגבולות הרגשות הסובייקטיביים ובני החלוף של האדם הפרטי. מי שאינו מאמין בהתגלות אלוקית יכול לנסות לזהות את ערכי היסוד האלה בעזרת השוואות בין תרבויות.

הרעיון שיש מבנה כללי של ערכים המשותף לכל הקבוצות ולכל החברות האנושיות מבוסס על שיקולים טבעיים ותאולוגיים. בשורש המשותף לכל האנושות (אם תרצו: אדם וחוה) יש ודאי כמה חלקים שעודם תמימי דעים אף על פי שהתרחקו מאוד זה מזה בגלל הזמן החולף והשתנות הנסיבות. כך היא צורתנו החיצונית: הגזעים של בני האדם שונים זה מזה בגודל ובצורה, בצבע ובפרטים, אך עדיין יש לכל בני האדם די מאפיינים משותפים המעידים שהם בני מין אחד. הוא הדין במאפיינים הפסיכולוגיים, במיומנויות וביכולות שיש לכל בני האדם אף אם הם משתייכים לתרבויות שונות מאוד. מסיבה זו, כאשר בני תרבות שלא התפתחה בה מיומנות כלשהי – למשל כתיבה – משתלבים בחברה אוריינית הם מסוגלים לרכוש את המיומנות הזאת בקלות. גם נורמות היסוד של המוסר קשורות למרכיבי היסוד של המין האנושי. אומנם הן התפתחו בדרכים שונות בחברות מסוימות ובחברות אחרות לא התפתחו כלל, אך ביסודו של דבר הן מצויות בתוכנו פנימה. לפיכך עיון מדוקדק

בנורמות המוסריות האלה וניסוח המסקנות העולות ממנו על דרך ההכללה מאפשרים להקים מהן מערכת בת־קיימא שתהיה הגיונית בעיני הכול ותתקבל על דעת הכול.

פילוסופים, חכמים, נביאים ומלומדים, יהודים ולא יהודים כאחד, ביקשו לזהות ולנסח את ערכי המוסר המוחלטים, את כללי המוסר המכתיבים מה טוב ומה רע והאמורים להדריך את התנהגותנו.

למשל, הנביא מיכה ניסח שלושה עיקרי יסוד: "הִגִּיד לְךָ אָדָם מַה־טּוֹב וּמָה ה' דּוֹרֵשׁ מִמְּךָ כִּי אִם עֲשׂוֹת מִשְׁפָּט וְאַהֲבַת חֶסֶד וְהַצְנֵעַ לֶכֶת עִם אֱלֹקֶיךָ".[7] בתלמוד נאמר שבשלושה עיקרים אלה גלומות כל תרי"ג מצוות התורה.[8] כמה מאות שנים לאחר מכן פנה נוכרי אחד אל הלל הזקן וביקש שילמדוֹ את כל התורה כולה כשהוא עומד על רגל אחת. צירוף עמום־משמעות זה יכול להתפרש בשתי דרכים: אפשר שכוונת הנוכרי שרצונו ללמוד הכול כאשר הוא עומד בפועל על אחת משתי רגליו, וייתכן שהוא ביקש מהלל לנסח עיקרון אחד ויחיד – "רגל אחת" – שעליו עומדת כל התורה כולה. תשובת הלל הייתה למימרה ידוע: "מה דעלך סני לחברך לא תעביד" (מה ששנוא עליך לא תעשה לחברך).[9] המפרשים מוסיפים שמימרה זו תוקפה יפה לא רק למפגשים חברתיים אלא גם למגעינו עם אלוקים.[10] עלינו לנהוג בקב"ה כפי שאנחנו רוצים שינהג בנו. זמן רב מאוד לאחר מכן קבע הפילוסוף הגרמני קאנט שהמוסריות, כלומר חוק היסוד של תורת האתיקה, היא מה שטוב במידה שווה לכול.[11]

7. מיכה ו, ח.
8. בבלי, מכות כד ע"א. בסוגיה זו מובאות עוד כמה דוגמאות ממין העניין.
9. בבלי, שבת לא ע"א.
10. רש"י על אתר.
11. הרעיון מתוך עמנואל קאנט, **ביקורת התבונה הטהורה**, תרגום ירמיהו יובל; הקיבוץ המאוחד, 2013.

אנחנו נוטים לצפות שחוקי המוסר יענו תשובות ברורות, לאמיתו של דבר, כל הניסיונות לנסח עקרונות מוסר אוניברסליים נידונים לעקרות. הגדרות כוללניות של הטוב אינן יכולות לתת בידינו תשובות חותכות – כן או לא, שחור או לבן. לאנשים יש שיגיונות, טעם אישי והעדפות אפילו בתחומי המוסר והטוב. נוסף על כך, חשוב להבין שרק לעיתים נדירות אנחנו נדרשים להכריע בסוגיות מוסריות בין שחור ללבן, בין דבר טוב בעליל לדבר רע בעליל. ברוב המקרים הברירות העומדות לפנינו צבועות בגוונים של אפור, ואנחנו נדרשים להכריע בין טוב יותר לטוב פחות או בין רע יותר לרע פחות.

כללי מוסר אוניברסליים הם הכללות, ומשום כך לא ייתכן שיימצאו בהם כל הפרטים. הכרעות שנעשות בפועל מביאות בחשבון גורמים רבים מאוד. העיקרים הכוללניים יוכלו להדריך את מעשי בני האדם רק אם יתמכו בהם מערכת חוקים או מערכת כללי אתיקה שבהן ידובר בפרטי המקרים. אין להרשות שהכרעות ייעשו על פי גחמה או על פי תחושה עמומה, מעורפלת ולא־מוגדרת באשר לטוב ולרע.

הצעד הראשון בבקשת הטוב הוא היפטרות מהפסולת – מהרעש התרבותי, מהשקפות עולם בנות חלוף. הצעד הבא אחרי השתקת הרעש הוא בניית סולם ערכים: קביעת סדר עדיפויות ודרגות של טוב ורע שיהיה יציב ובר־קיימא ויוכל לעמוד בלא תלות במקום או בזמן. סדר עדיפויות שכזה הוא כלי חיוני להתמודדות עם התנגשות בין ערכים.

הינה דוגמה פשוטה מאוד: רוב האנשים יסכימו שברוב המקרים רצח הוא דבר רע מאוד. אולם יש הסכמה רחבה שהזכות להגנה עצמית גוברת על הצו "לא תרצח".[12] האם הצלת עצמנו היא תמיד

12. שמות כ, יד.

הטוב העליון? האם אין גבול למה שנעשה כדי להציל את נפשנו? האם יש דברים גרועים ממוות? האם יש עקרונות שראוי להרוג או למות בשמם?

שבע מצוות בני נח[13] הן דוגמה למערכת של חוקי יסוד שעניינם טוב ורע. הן אינן משקפות נקודת ראות בין־אישית או חברתית אלא ניסיון לעמוד על ערכי מוסר מוחלטים. הן באות להתוות את דרישות היסוד המינימליות בתחום המוסר המוצבות לפני האנושות. לעומתן, ההלכה היא סולם ערכים מפורט ביותר הקובע את סדר העדיפות במקרים ובמצבים רבים.

כל מערכת מוסר, ותהא אשר תהא, חייבת להיות עקיבה ובעלת הרמוניה פנימית, וכל חלקיה צריכים להתאים זה לזה. למעשה, הרמוניה פנימית זו היא המכנה המשותף לכל סוגי הטוב. כל חלקיו של חפץ שימושי אמורים להתאים זה לזה, ולא נאמר על עצם שהוא יפה לולא ניחן בהרמוניה פנימית. כך גם הטוב המוסרי: הוא אינו יכול להתקיים בכללים נפרדים ונבדלים שאינם קשורים זה בזה ואין ביניהם הרמוניה. כשיש בידינו סולם ערכים וסדר עדיפויות שכאלה אנחנו יכולים לחרוץ משפט בענייני מוסר; דברים מסוימים יהיו מקובלים עלינו, ואילו אחרים נפסול. לדברים מסוימים נייחס חשיבות עליונה, ואחרים יהיו חשובים פחות בעינינו.

אפשר לחשוב על גשרים לדוגמה: גשרים יכולים להיות שונים מאוד זה מזה בצורתם, בתכליתם ובחומרים שמהם נבנו, ובכל זאת יש כמה כללים אוניברסליים לבנייתם. כל גשר נמתח בחלל בין שתי נקודות, ויש להבטיח שיהיה חזק דיו לשאת את המשקל

13. בראשית ט, א־ז. מצוות אלה אינן כתובות בתורה בפירוט ומשמעותן אינה ברורה לחלוטין שם. דיון מפורט בהרבה במצוות אלה מופיע בבבלי, סנהדרין נו ע"ב–ס ע"א.

שצפוי לעבור עליו. בשני עקרונות אלה גלום מספר עצום של פרטים, ופרטים אלה הם המקור להבדלים הרבים בדרכים השונות לבניית הגשרים ובמראה החיצוני שלהם. אולם בגלל המפגש בין חוקי הפיזיקה לצורכיהם של בני האדם המשותף לכל הגשרים, יש ביסוד המרכיבים הפונקציונליים שלהם מידה של אחידות ואפילו ערך אסתטי.

גם מערכות מוסר יכולות להיות שונות מאוד זו מזו. גם להן חייבת להיות שלמות מבנית כדי שיוכלו לשאת את משא ההתנגשות בין ערכים ולגשר על הפער שבין החומר לרוח, בין הארצי לשמימי. החיפוש אחר מערכת חוקים מוסריים צריך אפוא להימשך לשלושה כיוונים: מערכת כזו חייבת להיות רחבה דיה להקיף את המגוון העצום של ההתנהגויות האנושיות; היא צריכה להיות ארוכת ימים דיה לכלול את העבר, ההווה והעתיד; ועליה להיות גבוהה דיה לשמש גשר אל השמיים.

"ממדים" אלה של המוסריות אינם ציורי לשון ותו לא, כי אם קווים מנחים שיכולים לסייע בבקשת הטוב. ההנחיה הראשונה היא כלליות החוקים. כאשר מערכת חוקים נדרשת רק לחלק קטן ממציאות החיים היא יכולה לשמש חוק אזרחי או במקרים אחרים רשימת הנחיות לעשיית טקסים, אך בגלל גבולותיה המצומצמים היא אינה יכולה לשמש מערכת של חוקי מוסר. לכל היותר היא יכולה להיות חלק קטן במערכת מוסר.

ספר החוקים של המדינה יכול לומר לאדם מה עליו לעשות בדבר חוזים ודיני נזיקין, אבל אין בו תשובה לשאלה מה יש לעשות כאשר מקללים את הזולת בלב או כיצד לנהוג בילד שלא הכין את שיעורי הבית. אפשר למצוא בו את כל הפרטים הנחוצים לקיום טקס מסוים, ועם זה לא לדעת דבר וחצי דבר על גרימת סבל נפשי.

חיסרון זה מתגלה כאשר מחילים מערכת אחת של חוקי מוסר במקומות שונים ועל אנשים שונים. לאמירות מוסריות מסוימות יש תוקף בחברת שפע, אך משמעותן תתרוקן בארץ ענייה ושסועת מלחמה. הוא הדין בזמן: האם עצה מוסרית מסוימת מתאימה רק לתקופה מסוימת בחיינו? האם הרעיון נוגע לצעירים מאוד או למבוגרים מאוד? ובמבט רחב יותר, האם תוקפו של חוק מסוים יפוג בתוך שנתיים או שמא יישאר החוק בספר החוקים למשך שש מאות שנה? אם אמת מידה לטוב ורע תלויה בזמן, עוד מעט קט היא תיעשה מיושנת.

אשר לממד הגובה (או העומק, אם כך נרצה להגדירו), לאמיתו של דבר, כמה ממערכות החוקים להתנהגות מוסרית פשוט שטוחות. אין להן עניין בחיפוש עצמי מעמיק ואינטנסיבי. ייתכן שמעשיו של האדם תקינים, אבל חבל להסתפק ברמת המוסריות הזאת. להתנהג בנימוס, לא לדרוך על הדשא ולשלם מיסים – כל אלה דברים טובים ויפים, אך מה בדבר הנכונות להקריב דבר שיקר ללבנו כדי להציל חיים? אומנם מוסריות שאין בה דבר מן הנשגב נוחה ו"נורמלית", אבל היא קרובה מאוד לאדישות המוחלטת, לריקבון המוות.

בפרקי אבות מתועדת מחלוקת בין התנאים: "האומר 'שלי – שלי ושלך – שלך' זו מידה בינונית, ויש אומרים מידת סדום".[14] מוסר שטוח ומחמיר בדין עלול להכשיר את הקרקע לעוולות גדולות. במחוזות הטוב, מי שאין שמיים מעל לראשו עלול לגלות שגם אין לו קרקע להלך עליה.

האם קל להשיג טוב רב־ממדי שכזה? ככל הנראה לא, אבל בזכות בקשתו נוכל להיות אנשים טובים יותר.

14. משנה אבות ה, י.

רוח וחומר

בני האדם הם דו־חיים. אומנם איננו דומים לצפרדעים, אך אנחנו דו־חיים. אנחנו חיים בשני עולמות, עולם החומר ועולם הרוח, ולפעמים אנחנו עומדים על הגבול המפריד ביניהם. אנחנו מודעים להבדלים ביניהם כשם שההבדל בין יבשה ובין מים ברור אפילו לקטנה שבצפרדעים. אך אף על פי שאנחנו עוברים ללא הרף מהכא להתם, מסוג אחד של קיום למשנהו, לעיתים קרובות איננו מבחינים במעבר. אף שאנחנו חיים בשני עולמות, אחד מהם נראה לנו העולם האמיתי, המציאות, ואילו השני נראה מטושטש יותר ואמיתי פחות.

עולם החומר גלוי לפנינו. יש לנו גוף גשמי, וכל חיינו מתנהלים בתוכו. עם זאת אנחנו יכולים לתפוס ישירות בחושינו רק היבטים מסוימים של עולם החומר. אנחנו נוטים להרגיש שהחיים הגשמיים הם הקיום ה"אמיתי", המציאות. אומנם אנחנו מריחים ריחות ושומעים צלילים, וחוש הראייה הוא הכלי העיקרי שבאמצעותו אנחנו מבינים את העולם, אך בסופו של דבר המישוש

משמש אותנו להוכחה העליונה לקיומם של דברים. בעינינו הדבר המוחשי הוא הוא הדבר האמיתי. אנחנו מרגישים שמה שאיננו יכולים לאחוז בידינו אמיתי פחות. אנחנו יודעים – מקריאה בספרים או מהתנסות ישירה – שאפילו את רוב הדברים בעולם החומר (מקרינה רדיואקטיבית ועד חיידקים) אי אפשר לתפוס בחושים, אך ידיעה זו אינה סותרת את תחושתנו האיתנה והקמאית שהמציאות היא סך הדברים שאנחנו יכולים לתפוס בחושים. עולם החומר אמיתי וממשי מפני שאנחנו יכולים לגעת בו.

אולם יש לנו חלק גם בעולם אחר שאינו חומרי. עולם מופשט ובלתי מוחשי זה אמיתי לא פחות, אף שאין ספק שהוא שייך לקטגוריה אחרת של מציאות. אנחנו מצויים בעולם הרוח לא פחות משאנחנו שוכנים בעולם החומר. למרבה הצער, למילה "רוח" נלווֹת היום קונוטציות לעולם המיסטיקה והעל-טבעי, ולעיתים קרובות מדי היא יוצאת מפי אנשים בלתי מהימנים – נשים זקנות טרוטות עיניים המדברות על רוחניות ושרלטנים המוכרים רפואות רוחניות או סדנאות רוחניות שבזכותן נהיה חכמים, יפים, מצליחים ורזים. "רוחניות" שכזו נעה בין תפלות לשיגעון של ממש, ולכן אין להתפלא שאנשים רבים מתרחקים ממנה.

עולם הרוח שאנחנו חיים בו קרוב אלינו מאוד ואמיתי מאוד. אין הוא נחלתן של רוחות וישויות נטולות גוף בעלות כוחות ו"ויברציות" (יהיה פירוש המילה אשר יהיה) המשוטטות אנה ואנה. עולם הרוח הוא בראש ובראשונה כל הדברים המתקיימים בתודעה. עם הדברים האלה נמנים המחשבות והרגשות, אהבה, שנאה וקנאה, היכולת לקרוא, ליהנות ממוזיקה או לפתור משוואות, הידיעה שאנחנו קיימים והיכולת ליצור קשר עם הזולת. כל הדברים האלה אינם מוחשיים: אי אפשר לגעת בהם או לשקול אותם. למרות זאת

הם חוויות שכיחות וישירות, ואין אמיתי מהן. סך כל הדברים האלה הוא העולם השני שאנחנו חיים בו, עולם הרוח.

המושגים "רוח" ו"חומר" פשוטים ביותר, ואין בהם חידוש או ייחוד. אנחנו מורכבים מחומר ומרוח. קיומנו הוא קיום כפול: מצד אחד – גוף בעל חושים התופסים את החומר; מצד אחר – רוח שחשיבה ותהליכים רגשיים מתקיימים בה. שני העולמות קיימים בעת ובעונה אחת, והדגש מושם פעם על זה ופעם על זה לסירוגין. במובן מסוים איננו דו־חיים רגילים המדלגים מסביבת מחיה אחת לאחרת. קיומנו מורכב הרבה יותר: אנחנו חיים בה בשעה בשני עולמות שונים. בעולם אחד אנחנו חיים בגופנו ובשני בתודעתנו, ושניהם מתערבים זה בזה כל הזמן.

ההנחה שהקיום גשמי בראש ובראשונה ושהמוחשי הוא הוא המציאות אינה ברורה מאליה, טבעית או מולדת. החשיבה (שהיא עצמה תופעה רוחנית) מבוססת על אמיתות תרבותיות ועל דרך חינוך מסוימת. בהיותנו צעירים מאוד מלמדים אותנו שחלומות, רעיונות ומחשבות אינם אמיתיים ושאין לייחס חשיבות למה שאנחנו אומרים, חושבים וחולמים. בבגרותנו אנחנו מלמדים את ילדינו – לא תמיד במפורש – להאמין שה"מציאות" היא סך הדברים שאפשר לגעת בהם ולראותם. ילדינו שומעים בלי הרף מסר הנאמר בדרכים מתוחכמות ובדרכים פשוטות גם יחד: "מה שאין לו קיום בחומר כאילו אינו קיים". בתרבות שלנו, אם ילד שובר כוס גוערים בו ואם אצבעו נפצעת דואגים לו. אבל אם ילד מדבר על חלומותיו ודמיונותיו, מבטלים אותם וחושבים שהם אינם חשובים ואף למעלה מזה – שאינם אמיתיים.

כך אנחנו נופלים שלא במתכוון קורבן לשטיפת מוח מתמדת המובילה אותנו לידי אמונה שהרוחניות אינה אמיתית, ולכן אנחנו

מזלזלים בה במגוון דרכים. בחינוך הזה יש תועלת רבה מנקודת המבט של האבולוציה, בעיקר לחתולים, לפרות ולקופים, החייבים להסתמך על חושיהם ולא על מחשבותיהם (אם אומנם הם חושבים). ספק גדול אם יש בו תועלת ארוכת־טווח לבני האדם. בהתעלמנו ממה שאינו מוחשי או בזלזול בו אנחנו מוליכים את עצמנו שולל. אילו לא הייתה הרוחניות אלא מחשבות על מלאכים יכולנו להתעלם ממנה בטענה שאין לנו עניין במלאכים. לאמיתו של דבר, כל עוד תודעתנו פעילה אין אנחנו יכולים להתעלם מן הפן הרוחני של חיינו או להתנער ממנו.

מהו הפן הרוחני הזה? רעיונות דתיים ופילוסופיים הם חלק מעולמה של הרוח, אבל אין הם מה שמגדיר אותה. המושג "רוח" כולל דברים רבים, ולכמה מהם יש בעולם החומר ביטויים מעשיים, שניכר בהם שהם התוצר הסופי של תהליך רוחני. המתמטיקאי והסופר, האומן היוצר או מי שמנבל את פיו, כולם קשורים לממלכת הרוח. הרוח היא מציאות בלתי חומרית הנתפסת בחיישן שונה. היא התפיסה הפנימית ולא התחושה החיצונית; היא העולם הפנימי שלנו. המודעות, ההבנה והמדידה, התכנון והחישוב ואף האהבה והשנאה – כל אלה מרכיבים את הקיום הרוחני שלנו.

כל האמור לעיל אינו קשור לשום פילוסופיה אידאליסטית (להבדיל מפילוסופיה מטריאליסטית). יש שיטענו שכל הפעילות הנעשית בתודעה אינה אלא תוצאה של תגובות כימיות וחשמליות המתרחשות בתאי המוח. אותם הדברים בדיוק יכולים להיאמר גם על התפיסה החושית שלנו, ולא די בכך כדי לשלול את קיומו של עולם גשמי חיצוני. תהליכים תודעתיים יכולים להוליד דברים שאינם אמיתיים, כגון חלומות או טעויות בחישוב, אך גם החושים יכולים לתעתע בנו. מה שנתפס בחושינו נתון תמיד לבדיקה ולהשוואה.

אנחנו לומדים למשל שהאדם הקטן שאנחנו רואים במרחק אינו גדל באמת כאשר אנחנו קרבים אליו.

העובדה שעולם הרוח נתפס רק במוח ולא בשום דרך אחרת אינה שונה מן העובדה שאיננו יכולים לראות באף או בידיים. אומנם פעילות חשמלית־כימית של תאי עצב מורכבים היא השער שלנו לעולם הרוח, אך כדברי אנרי ברגסון, העובדה ששמלה תלויה על קולב ונעה עם תנועות הקולב ואפילו נופלת איתו אין פירושה שהקולב טוב ממנה וגם לא שהקולב והשמלה חד הם. האם עולם הרוח אמיתי? כן – הוא אמיתי כפי שכל דבר אחר שקיים אמיתי. אי אפשר לגעת בו, אך אי אפשר לגעת גם בריח או בשדה מגנטי. אי אפשר לראותו, אך גם תרועת החצוצרה בלתי נראית. אפשר לתפוס אותו, למדוד אותו, לבדוק אותו ולהגדירו בכלֵי התפיסה והמדידה שלו עצמו.

לפעמים מלמדים אותנו בבית הספר שחשיבה היא תהליך רציני ומסודר המתנהל על פי כללים וחוקים מסוימים. אולם יש לזכור שכל עוד אנחנו עוסקים בחשיבה אנחנו מצויים במחוזות הרוח. אפשר לחשוב על דברים נכונים ושגויים, על דברים יפים ונשגבים או על דברים ירודים ובזויים. אפשר לחשוב על דברים של מה בכך ואפשר לשקוע בחלומות בטלים ובמחשבות הבל, אך אי אפשר להפסיק לחשוב. עצירת תהליך החשיבה, ביטול הקיום הרוחני שלנו, קשה לא פחות ואולי יותר מְשימת קץ לקיומנו החומרי. כל עוד הגוף החומרי מתפקד כיאות איננו יכולים להפסיק לחשוב. שני העולמות שלנו שלובים זה בזה עד כדי כך שאיננו יכולים להיות בעולם אחד אך לא במשנהו, לפחות כאשר אנחנו ערים ומודעים.

כל הדברים שאינם מוחשיים הם "רוחניים", ומרבית מרכיבי העצמי הם בכלל זה: האופי, המחשבות, החלומות והרגשות. דבר מן

הדברים האלה אינו אמיתי במישור החומרי; כולם שייכים לתחום שאנחנו מכנים עולם הרוח. עולם הרוח אינו נחלתם הבלעדית של אנשים "רוחניים" במיוחד אלא קיים אצל כל אדם ואדם.

כאשר אנשים מדברים זה עם זה הם מפיקים בעולם החומר גלי קול שאינם נושאים משמעות בפני עצמם. במישור הפנימי הם מבקשים למזג את חוויותיהם הרוחניות ומגלים את עולמם הרוחני זה בפני זה. כאשר אני מדבר עם מישהו על עצמי אני פותח בפניו פתח לקיום בלתי חומרי חדש, לעולם שהוא מעולם לא היה בו. זה טיבה של כל פעולת תקשורת. אף שהתקשורת נעשית באמצעים פיזיים, בתוך הקיום הגשמי שלנו, משמעות התקשורת היא מציאות בלתי חומרית. פעולות הדיבור והכתיבה וסימני שפת הסימנים הם האמצעים הפיזיים המאפשרים את התקשורת, ותוכנם הוא הצד הרוחני שלה.

אזרחות ונאמנות, השתייכות לקבוצה והתנכרות – כל אלה אינם חומריים. אנחנו יוצרים קשרים רוחניים ומנתקים אותם בכל עת, אך איננו רגילים לחשוב עליהם כעל פעולות "רוחניות". במרבית המקרים היסוד החומרי הוא החלק החשוב פחות בקשרים בינינו. איננו רגילים לחשוב כך, אך שותפות עסקית היא הסכם רוחני ולא קשר חומרי. כאשר שני אנשים לוחצים ידיים, תנועת הידיים אינה הצד החשוב במפגש ביניהם. ככל שגדלה הקִרבה בין אנשים חשיבות הצד הרוחני עולה על הצד החומרי.

האהבה ודאי אינה דבר חומרי. הקשר בין אנשים האוהבים זה את זה אינו חומרי. אומנם הוא יכול להתבטא בעולם החומר בדרכים רבות, אבל הרגש עצמו כל כולו רוחני. גם מושג המשפחה הוא מציאות בלתי חומרית בלבד. אפשר להצביע על הגופים השייכים

למשפחה, אבל הקשר בין בני המשפחה אינו מבוסס על מידת הקרבה הפיזית או על הוכחות ביולוגיות כי אם על רגשותיהם זה כלפי זה.

גם הקנאה, השנאה, השמחה וכל הרגשות האחרים אינם חומריים, אף על פי שאפשר להרגיש אותם כלפי עצמים חומריים. לאנשים האהובים עלינו ולאנשים השנואים עלינו מציאות גשמית משלהם, אך האהבה והשנאה עצמן מצויות בחלק הרוחני של קיומנו הכפול.

מהי הצלחה? בדרך כלל הצלחה אינה מציאות חומרית ואינה נמדדת בכלים חומריים. היא יחס או קשר רוחניים שבהם הזולת מכיר בהצלחת האדם המצליח. הוא הדין בכוח: אדם חזק אינו בהכרח מי שמסוגל להרים משקולת שמשקלה מאה וחמישים קילוגרם. כוחם של המפקד, של הפוליטיקאי או של המנהיג רוחני ולא חומרי. אפילו דבר שאפשר למנותו כמו הכסף אינו חומרי מבחינות רבות. עושרו של אדם אינו נקבע רק לפי מספר המטבעות והשטרות שבידיו; מדידת העושר מושפעת גם מן ההסכמה שהם מייצגים דברים אחרים ומעצם רעיון הבעלות.

מכאן שכל אדם הוא חומרי ורוחני גם יחד במובן הפשוט ביותר של הדברים. אזרחות כפולה זו טבועה בנו. הכרעה בין שני העולמות אינה עומדת על הפרק, כי הכרעה שכזאת אינה בגדר האפשר. תחת זאת אנחנו נדרשים להכרעה פשוטה יותר אך גם מאתגרת יותר: כל אדם צריך לבחור את רמת הרוחניות שלו. גם בלי לפתח דיון פילוסופי מעמיק אנחנו יכולים לשאול את עצמנו אם אנחנו יצורים חומריים שחלק מהם שקוע בקיום רוחני או יצורים רוחניים שחלק מהם נמצא בעולם הפיזי הארבע־ממדי. אנחנו נדרשים לבחור את סוג הקיום הרוחני שאנחנו מבקשים לעצמנו.

בעולם החומר אנחנו יכולים לבחור את מקום המגורים שלנו. אדם יכול להתגורר כל חייו במרתף או בקומות העליונות בבניין. הוא יכול לגור בעיר או בכפר. הכרעות אלה הן פרי בחירה או פרי המקרה. אנחנו יכולים לנוע כך גם בתוך העולם השני שלנו, עולם הרוח. לאמיתו של דבר, בעולם הרוח אנחנו חופשיים יותר, הן בינינו לבין עצמנו הן ביחסנו לאחרים. המציאות הפנימית היא עולם ומלואו שגדול הרבה יותר מעולם החומר מעצם הגדרתו כמעט. לא תמיד אדם יכול להרחיב את גבולותיו הפיזיים, והחוקים המסדירים את פעולת העצמים הגשמיים קבועים ונוקשים בהרבה מן החוקים המדריכים את המציאות הרוחנית.

היבטים רבים של קיומנו החומרי אינם נתונים לשליטתנו או כפופים לרצוננו – למשל, החופש לקלל גדול בהרבה מהחופש לגרום נזק פיזי, שכן הכושר הגופני שלנו והחוק מגבילים את החופש הזה. לעיתים קרובות נסיבות חיצוניות כופות אותנו להתגורר במקום זה ולא באחר: אנחנו נולדים במקום אחד, והמעבר ממקום למקום אינו פשוט תמיד. ההליכה לעיר הסמוכה עלולה להימשך כמה שעות, ולעומת זאת אפשר לנדוד במחשבה אל גלקסיה מרוחקת בשבריר שנייה, ואפילו איננו צריכים לזוז מהמקום לשם כך. אנחנו אזרחי עולם הרוח אם דעתנו נוחה מכך ואם לא, אבל ההחלטה היכן לשכון בתוכו נתונה בידינו. גופי, השייך לעולם החומר, יכול להימצא בגינה שריחה נפלא או בביוב מצחין, והוא הדין בעולם הרוח. כל אדם מחליט אם חייו יהיו רומן בלשי, עיתונות צהובה או כתבי קודש.

כמובן, גם בעולם הרוח חופש הבחירה שלנו מוגבל כפי שהוא מוגבל בעולם החומר. גם בעולם הרוח הנסיבות דוחקות בנו או מאלצות אותנו להימצא במרחב רוחני מסוים. אם נרצה בכך ואם

לא, בבית הספר מכריחים אותנו להיכנס לעולם הקריאה, תחום אינטלקטואלי השייך לעולם הרוח שכן אף שתיאור זה נשמע מוזר, הקריאה היא תרגום סמלים פיזיים למשמעות רוחנית. בדיוק כשם שלא נהיה מרוצים אם יכפו אותנו לגור במקומות מסוימים, כך יש אנשים שאינם מרוצים מן הדרישה שילמדו מתמטיקה.

הזמן הוא תחום נוסף הכפוף בהכרח למגבלות, ולכן עלינו להחליט מה נעשה בזמן שברשותנו. אף אם ארצה להיות במקומות רבים בעת ובעונה אחת, בפועל איני מסוגל לכך. עליי לבחור אם רצוני לנסוע לנפאל או לבקר בארצות הברית, כי איני יכול להימצא בשתיהן בו־זמנית. הוא הדין בברירות הנוגעות לעולם הרוח: מרבית האנשים אינם מסוגלים לחשוב על שני דברים בעת ובעונה אחת, ולכן עלינו לבחור ביניהם.

חוסר השכלה הוא סוג נוסף של מגבלה. אם שפה כלשהי אינה ידועה לי, איני יכול לקרוא טקסטים הכתובים בה. אם לא למדתי חשבון, איני יודע כיצד לנהל את ענייני הכספים שלי.

הינה דימוי דרמטי יותר: יש אנשים שיש להם מגבלות גופניות מלידתם והם עיוורים, חרשים או תתרנים. לאחרים מגבלות דומות בתחומי הרוח, והם נאלצים לחיות חיים רוחניים מצומצמים בגלל חוסר יכולתם להשיג מציאויות רוחניות. תחומי פעילות שונים מצריכים כישרון מיוחד, ולכן יש תחומים רוחניים שדלתותיהם יהיו סגורות בפני אנשים שלא ניחנו ביכולות הנדרשות. ייתכן שתהיה לאדם היכולת להאזין למוזיקה וליהנות ממנה אבל לא תהיה לו היכולת הרוחנית להלחין יצירות, לנגנן או לשיר אותן. אפשר אפוא לומר שלאדם זה מגבלה רוחנית בתחום הזה.

המגבלות האלה ממשיות ואמיתיות בדיוק כמו המגבלות הפיזיות. על כמה מהן אפשר להתגבר ועל אחרות אי אפשר להתגבר,

לפחות לא בעולם הזה. המגבלות האלה קובעות את המרחב שבתוכו אנחנו בוחרים את הבחירות הנוגעות לחיינו הרוחניים. אנשים יכולים להחליט מתוך קלות הדעת לפגוע באחד מהחושים שבהם הם תופסים את העולם הגשמי: אדם יכול לנקר את עיניו, לעשות את עצמו חירש או להטיל בעצמו מום אחר. בעולם הרוח אדם יכול להחליט שלא לחשוב על נושאים אלה ואחרים, לא לעסוק בעניינים מסוימים או לא להתעניין בהם. אם בכוונה תחילה אם מבלי משים, אנחנו גורמים כך לעצמנו עיוורון או חירשות רוחניים ומגבילים את יכולת הפעולה שלנו בעולם הרוח.

בעולם הרוח בני האדם יכולים להוריד את עצמם ממדרגת אדם שלם למדרגה הדומה לקיומם של בעלי החיים ואף למטה מזה. אדם חי כל חייו בגוף אנושי, ועם זה הוא יכול להיות מצד קיומו הפנימי-רוחני כסוס המושך את עגלת חייו: הוא אוכל ומטיל צואה, מקיים יחסי מין וישן וחי בעולם החומר. אדם שכזה נבדל מן הסוס במראה החיצוני בלבד. יש להם את אותם החלומות ואת אותן התשוקות, והם חיים את חייהם באותו עולם כמעט.

לעיתים תרנגולת כלואה כל חייה בכלוב קטן; שם מאכילים אותה, שם היא מטילה את ביציה ושם אולי גם שוחטים אותה. צר לנו עליה, אבל ייתכן שאילו יכלה התרנגולת לומר את אשר על ליבה לא הייתה מתלוננת מאוד. אולי חייה בטוחים ושקטים ונטולי דאגות ולחצים רבים. בני אדם יכולים לחיות חיי רוח שכאלה בלי להרגיש שדבר חסר בעולמם.

בקביעת דמותם של חיי הרוח איננו בוחרים בין טוב לרע אלא בין שפלות לרוממות. הינה דוגמה קיצונית: אנחנו מרחמים על אנשים שיש להם נכות גופנית, וצר לנו עוד יותר על אנשים בעלי נכות שכלית. בראותנו ילד שיש לו מוגבלות שכלית אנחנו

חשים צער, אבל איננו מרחמים על מצבו הסובייקטיבי: הוא יכול להיות מאושר ככל הילד האחרים ואולי אפילו מאושר מהם. אנחנו מצטערים על הפוטנציאל האנושי שלא התפתח. כאשר אדם שרוי בתרדמת אנחנו חשים צער עמוק, אך לא מפני שהוא סובל אלא בגלל ירידתו מדרגת אדם שיכול לפעול בעולם. השפלות הרוחנית המתבטאת בפעילות במדרגה הרחוקה מאוד ממימוש מלא של הפוטנציאל של האדם אמורה לעורר בנו תחושה דומה של צער. לאדם פוטנציאל רוחני עצום, ואף על פי שאדם שחי את חייו במדרגה נמוכה מאוד אינו חוטא, פשוט חבל עליו.

אם יש לי יכולת התנועה אך אני מרותק למקומי אני מרגיש מקופח. אם יש לי היכולת להמריא אל על אך אני זוחל על הרצפה אני חש כלוא. מזלו של מי שחיים דלים שכאלה נכפים עליו רע ומר. עוני מן הסוג הזה אינו קשור לתנאים החומריים כלל, וכן אין הוא קשור לתחושת הסיפוק בחיים, ואדם יכול לא לחוש סיפוק אף שחיי הרוח שלו מסעירים ביותר. וכן להפך: חיים דלים מבחינה רוחנית יכולים להסב לאדם סיפוק רב, בייחוד אם אינו מכיר דרכי חיים אחרות או אינו יודע שיכולת הבחירה בידיו.

אילו הייתה אמת מידה תקֵפה לרוח היא הייתה מודדת את הפער בין הפוטנציאל של האדם כבן אנוש ובין קיומו בפועל. הגדרת היסוד של בריאות גופנית ורווחה פשוטה מאוד: גוף שפוטנציאל הפעולה של כל חלקיו ממומש. הגדרה זו מתאימה גם למישור הקיום האחר: אדם הוא אדם שלם כאשר הישגיו מתאימים לפוטנציאל שלו.

התפתחות רוחנית משמעה שיכולותיה של תודעתו של אדם גדולות משהיו בעבר. האדם שקיומו כפול צריך להכריז על עצמאותו כשם שמכריזים על שחרור עבד. לאדם יש החופש לנוע, וחופש זה אינו דורש ממנו דבר חריג או לא בר־השגה ואף אינו תלוי בקדושה

מיוחדת. התנועה מצריכה הכרה באפשרות לנוע, גילוי של יכולותינו ושל הפוטנציאל שלנו וחידוש הקשר בין הגוף לרוח.

אנחנו נוטים לברוח מן הרוחניות – היא רחבה מכדי שנוכל להשיג את כולה, וממדיה הכבירים מפחידים אותנו. אם נכניס יצור קטן לחדר גדול הוא ייבהל, ישתופף בפינה ולא ירצה לחקור את המרחב הגדול. וכמו היצור הקטן גם אנחנו מתירים לעצמנו לחיות במקום מוגבל ומתרגלים לפעילות מצומצמת.

כל מרחב חדש שנפתח לפנינו – חדר חדש או ארץ חדשה, מרחב חיצוני או מרחב פנימי – יוצר הזדמנות למאבק או לשיתוף פעולה. בכל מערכת יחסים חדשה אנחנו נדרשים להחליט החלטה מודעת. ההחלטה אם מערכת היחסים החדשה תהיה עוינת, ידידותית או ניטרלית נתונה בידינו. על פי רוב אנחנו משתדלים לשמור על ניטרליות גמורה כדי להימנע ממבוכה, כפי שאנחנו משתדלים שלא להתנגש באנשים הבאים לקראתנו ברחוב.

אנו מחליטים מה יהיה טיב הקשר שלנו עם עולם הרוח. אנחנו יכולים להחליט אם נעסוק בעניינים מעשיים שיסייעו לנו להוציא לפועל את תוכניותינו לחיים, אם נתמקד ברעיונות אינטלקטואליים מופשטים או אם נקדיש את עצמנו למעשי חסד. הבחירה בכל אפשרות מן האפשרויות האלה תרחיב את גבולות עולם הרוח של האדם, וכך אדם אחד יתפתח מהבחינה המעשית, אדם אחר יתפתח מהבחינה האינטלקטואלית ואדם אחר יפתח את יכולתו לחוש אמפתיה. כל מסלולי החיים האלה מפעילים את הצד הרוחני שבאדם. הן האדם שכל כולו שכל הן האדם המלא אמפתיה ונדיבות מפתחים את עולם הרוח שלהם. השאלה מי מן השניים, האינטלקטואל או הקדוש, טוב מן האחר היא עניין לדיון נפרד. אנחנו עוסקים כעת ברוח ולא בטוב או בקדושה. כל תחום התפתחות רוחנית נמדד

בכלים שונים: בהשפעתו על החברה, במידת הקדושה שבו או פשוט לפי דעת האדם על עצמו.

הרוחניות והישויות הרוחניות אינן נעלות או טובות יותר במהותם מן החומריות ומן הישויות החומריות. הטוב והרע יכולים להופיע ברוח ובחומר. אומנם יש קבוצות דתיות המזהות את הטוב עם הרוח ואת הרע עם החומר,[1] אך תפיסה זו שגויה מכול וכול. עולמות רוחניים יכולים להיות רוע צרוף, מן האידאולוגיה הנאצית ועד לאכזריות שבשגרה. תאוות בצע ושנאה הן תכונות רוחניות, אך ודאי שאין הן תכונות טובות. גם הגוף עלול לשמש כלי לרעות רבות ושונות אם הנפש השוכנת בו רעה, אך אפשר לעשות בו, הן כשהוא לעצמו הן ככלי, גם דברים נהדרים. פילוסוף דגול אינו נעלה במהותו מן הרץ למרחקים ארוכים, אף שייתכן שחברות שונות ייבדלו זו מזו בהעדפת מי מהם על פני האחר. בשמיים ידונו אותם לפי יחסם לקדושה ולא לפי חריפות שכלם או עוצמת גופם.

אנחנו מצויים בעל כורחנו בשני עולמות, עולם החומר ועולם הרוח. אם נרצה בקשר כפול זה ואם לא, איננו יכולים להוציא את עצמנו מן העולמות האלה. אך אנחנו יכולים להשתדל להבין ביתר בהירות את דרכי הפעולה שלנו ולזהות אילו דברים חשובים לנו. אילו עמד לרשותנו זמן בלתי מוגבל יכולנו לעשות הכול. מאחר שזמננו בעולם הגשמי מוגבל, חשוב מאוד שנחדד את הסטנדרטים שלנו ונתמקד בדברים החשובים גם אם אי אפשר לתת להם הגדרה מוחשית. אנחנו מוכרחים לשאול את עצמנו מה חשוב באמת.

1. רעיון עתיק יומין זה פותח בצורה הטובה ביותר בדת המניכאית. לרעיון נודעה השפעה מרובה על כמה דתות אחרות והיו לו כמה מופעים קיצוניים בכיתות רבות כגון הקתרים והאלביגנזים בימי הביניים וכן בקבוצות בתקופות מאוחרות יותר.

חבל שבילדותנו אנחנו לומדים רעיונות מבלבלים בעניין החומר והרוח. הבלבול יימשך גם בבגרותנו, אלא אם כן נבין את המילים האלה לפי משמעותן הפשוטה והאמיתית. האחריות לפתח הבנה נכונה של העולמות האלה מוטלת עלינו, ואם נצליח בכך נוכל להחליט החלטות טובות ואולי גם ילדינו ישמעו מסר אחר, נכון יותר. אולי בזכות זה הם יהיו לאנשים אחרים ויבנו לעצמם עולם שונה. כאשר נבין חומר מהו ורוח מהי או אז נגלה ששני העולמות פתוחים בפנינו ונוכל אנחנו על טבענו הכפול למשול בהם ביד רמה.

אמונה

אנשים רבים, ובהם גם אנשים המצרים על כך שאינם מאמינים או מתפארים בכך, חשים שהמילה אמונה היא מחסום גדול מאוד. לאמיתו של דבר האמונה אינה קשורה רק לדברים גדולים. היא נוגעת לא פחות ואולי אף יותר לאין־סוף דברים קטנים המרכיבים את חיי היום־יום של כולנו.

כמובן, אנשים רבים נוחים להאמין ואחרים קשי אמונה, אבל בסופו של דבר הכול מאמינים במידה זו או אחרת. האמונה מצויה גם אצל הכופרים קשי העורף והרציונליים ביותר. רבים מתגאים ברציונליות – אנחנו סבורים שמעשינו ומחשבותינו מבוססים על ידע מדויק, על עובדות מאומתות ועל תהליך סינון קפדני של דעות. האמת היא שאין אדם שאינו מאמין בדבר; אדרבה, כולנו מאמינים כמעט בכל מה שאנחנו שומעים.

אמונה, במובן היום־יומי והפשוט של המילה, מושרשת בחיינו כל כך שאיננו יכולים לעשות דבר בלעדיה. אנחנו מקבלים את מה שמלמדים אותנו בבית הספר ואת מה שאנחנו לומדים ברחוב. לא

די שמרבית הדברים האלה אינם מאומתים אלא שלעולם לא נוכל לאמתם – ולמרות זאת השפעתם על חיינו גדולה מאוד. רוב הדברים הבסיסיים אינם ניתנים לבחינה אמיתית. אין לנו הזמן, הכלים או היכולות הדרושים כדי לבדוק בעצמנו את רוב הדברים שאנחנו אומרים שאנחנו יודעים. אנחנו מקבלים את העובדות שמספרים לנו בדבר גובהו של הר האוורסט – אפילו מרבית האנשים שמטפסים עליו אינם טורחים לוודא שמידותיו הידועות מדויקות – ואנחנו מקבלים בלא פקפוק עובדות הנוגעות למכוניות ולחשמל, לחתימה על חוזים ולהליכה ברחוב. אנחנו מקבלים דברים רבים כל כך כמובנים מאליהם מפני שאנו מאמינים, במידה זו או אחרת, בסוחר ובחשמלאי ומאמינים שהתנהגותם של האנשים הנקרים בדרכנו נורמלית ואפילו אדיבה.

הדיכוטומיה בין "ענייני אמונה" ובין "עובדות מוצקות" שיש בתודעתנו אינה נובעת משיקולים רציונליים אלא ממה שמקובל בחברה שלנו, בקבוצה שאנחנו שייכים לה ובתקופה שאנחנו חיים בה. איננו חשים חובה להוכיח בעצמנו את מה ש"כולם יודעים". ומאותה הסיבה בדיוק אנחנו קובעים שהדברים שאמיתותם אינה מקובלת על הכול שייכים לתחום האמונה בלבד.

מיקרוביולוג שערך מחקרים באפריקה נעזר בנער מקומי פיקח ביותר למגוון שליחויות. יום אחד הוא ניסה להסביר לנער את נושא המחקר. הוא תיאר את החיידקים הזעירים והבלתי נראים הנמצאים בכל רחבי החדר, והוסיף שהם יכולים לגרום לאנשים לחלות ואפילו למות. הנער, שהתחנך במיסיון, ענה: "אבל אדוני, אנחנו הנוצרים ודאי איננו מאמינים בכך!" יש מקומות שבהם קיומם של שדים הוא בגדר אמת מקובלת, והכול יודעים בוודאות שהם קיימים, ואילו במקומות אחרים איש אינו מאמין בקיומם מאותן סיבות לא

משכנעות. מערכת האמונות שלנו היא אפוא תלוית הקשר, אך טיבה של האמונה העומדת ביסודן זהה בכל העולם כולו.

משבר אמונה אישי או כללי נובע משינויים תרבותיים קטנים וגדולים כאחד. התקופה שבה אדם נולד נתונה כמובן ביד המזל. יש תקופות שבהן האמונה בָּאופנה ותקופות שבהן לא מקובל להיות אדם מאמין. אופנות תרבותיות מתחלפות לא פחות מאופנות הלבוש. כשם שיש מעצבי אופנה הקובעים את סגנון בגדי הנשים ועניבות הגברים, יש גם אנשים המעצבים את האופנה האינטלקטואלית של זמנם ומכתיבים במה ראוי להאמין ובמה לא ראוי להאמין. ואולם זהות האנשים הקובעים את הכללים בתחום הלבוש ידועה לנו, ואילו על פי רוב איננו יודעים מה מקורן של האופנות האינטלקטואליות.[1]

בעידן של אמונה אנשים אינם מפרסמים בפומבי את תחושות הספק והפקפוק. רובם לעולם לא יחושו ספק משום שהאמונה מקובלת בחברה. בתקופות אחרות ההפך הוא הנכון: הספקנות באופנה, והכול מחרים מחזיקים אחריה, ברוח נזיפתה של אם מודרנית בדיונית: ״למה אתה לא יכול להיות נון-קונפורמיסט כמו כולם?״ וכך הכול דבקים ברעיונות הנראים מובנים והגיוניים בנקודת הזמן בהיסטוריה שהם חיים בה, אך אנשים החיים כעבור זמן תוהים כיצד ייתכן שהאמינו בדבר מגוחך כל כך.

1. בשלושים השנים האחרונות לא הייתה שום משמעות ספרותית לפרס נובל לספרות. נתינת הפרס שימשה פורום להצהרות פוליטיות. לחברי הוועדות הקובעות מי יזכו בפרס יש סרגלי חישוב שלפיהם מחשבים מי יהיה ה״כוכב״ הבא שיזכה בפרס: איש, אישה, שחור, לבן, בן למיעוט מדוכא, בן למיעוט מדוכא עוד יותר. אפילו בזמנים שבהם הוענקו פרסי נובל על פי אמות מידה ספרותיות טהורות רשימת הזוכים כללה כמה וכמה סופרים דגולים וכן אנשים שאיש אינו זוכר את שמם. בזמן קבלת הפרס הם היו כולם בשיא תהילתם, ואילו היום קשה להבין איך ייתכן שמישהו ייחס לכתביהם ערך כלשהו, אף שבאותה עת כתביהם קבעו את המגמות האינטלקטואליות של התקופה.

למשל, לפני זמן לא רב מאוד היה מקובל לחשוב באירופה ובאמריקה שכל אדם בעל שיעור קומה הוא קומוניסט או לכל הפחות מזדהה עם רעיונות הקומוניזם, ובכלל זה אינטלקטואלים, מעצבי דעת הקהל, אנשים שאפשר היה לצפות שלא יטעו כך ואנשים שהיה ראוי שיפגינו חוש ביקורתי מחודד יותר. בתקופה ההיא האמונה הייתה עיקשת, ואנשים דבקו באמונתם חרף כל העובדות המוכיחות שטעות בידם. יום אחד האופנה הזאת חלפה לה, וכיום האמונה בקומוניזם נראית מיושנת. היום אנשים אינם מאמינים בדיוק מאותן הסיבות השגויות שבגללן האמינו בעבר. לא התרחש שום שינוי מהותי; רק האופנה השתנתה.

אופנות תרבותיות אינן מעצבות את דעותינו בעניין אומנות, מוסר ופוליטיקה בלבד, אלא הן משפיעות על כל תחומי החיים כמעט. האופנה מייצרת דברים שאפשר לקנות, ללבוש, להשתמש בהם ולתלות על קירות הבית. מאלפים אותנו לקנות אותם ויתר על כן – ליהנות מהם. צו האופנה משפיע גם על השקפותינו ועמדותינו בעניינים הנראים מעשיים ותו לא. בכל תחומי החיים – מריהוט ועד אדריכלות – החלטות שאנחנו מחליטים אינן מושפעות מן ההיגיון אלא מצו האופנה. חשבו למשל מה משונה ובלתי טבעי הוא מראם של גורדי השחקים. אומנם יש סיבות טובות לבנות מגדלים שכאלה במקומות מסוימים או בדרכים מסוימות, אך יש מקומות שבהם אין שום סיבה הגיונית לבנות אותם. אנחנו בונים מבני זכוכית עצומים כדי שיהיו שטופי שמש, ואז אנחנו תולים בהם וילונות כדי שהאור לא ייכנס לתוכם. מבני זכוכית באופנה, ולכן אנחנו בונים מבני זכוכית אף על פי שאינם נוחים או יפים.

כללי התרבות המקובלים בימינו מאפשרים מידה מסוימת של חופש להחליט מה יפה בעינינו, אף שמרחב הבחירה מוגבל למדי.

בתקופות אחרות החברה הייתה סובלנית פחות. שאלות הנוגעות ליופי לא היו נתונות לדיון משום שסגנון אחד ויחיד היה מקובל, ושום דבר אחר לא בא בחשבון. בציורים ממצרים העתיקה כל הראשים מצוירים במבט מן הצד, בלי להביא בחשבון את תנוחת הגוף. יכולנו לחשוב שהמצרים פשוט לא ידעו לצייר משום שהיו פרימיטיביים מדי. אבל ציורי בעלי החיים שציירו ריאליסטיים מאוד – רק לבני האדם שבציורים מראה נוקשה ולא־טבעי. כאשר אומנים מצרים הורשו לצייר ציורים טבעיים הם הצטיינו בכך מאוד.[2] נראה אפוא שסגנון הציור היה אופנה אמנותית, והאומנים המסכנים נאלצו לצייר בני אדם על פי הסגנון המקובל.

כניעה שכזו לצווי האופנה מצויה גם בעולם הארכיטקטורה. במבנים שנבנו במצרים העתיקה לא היו קשתות. קשה להעלות על הדעות מדוע עם מתקדם למדי מבחינה טכנולוגית לא ניצל מבנה שימושי כל כך. מתברר שאומנם המצרים הכירו את הקשת, אך הם השתמשו בה רק בתעלות ביוב. הם חשבו שבניית קשתות בבתים שנועדו לשימוש בני אדם היא למטה מכבודם. הקשתות לא היו באופנה, ומשום כך לא היו גם בבתים.

כוחן של האופנות התרבותיות – המכונות "רוח הזמן" – עצום כל כך שהן אינן משפיעות רק על הפילוסופיה, על תפיסת היופי וכיוצא באלה, אלא גם המדעים המדויקים נתונים למרותן. בתולדות כל המדעים, ובכלל זה המתמטיקה, יש תקופות שבהן שאלות מסוימות נעשות חשובות ומושכות, ותקופות שבהן אותן שאלות או שיטות מונחות בקרן זווית, עד לתקופה הבאה. הינה כמה דוגמאות לכך: התפתחותה הנמרצת של הפיזיקה – בעיקר הפיזיקה האטומית

2. בימי אמנחותפ הרביעי, אחנתון ויורשו תות־ענח'־אמון.

והתת־אטומית – במחצית הראשונה של המאה העשרים בהשוואה להתפתחותה במחצית השנייה של אותה מאה; ההתפתחות העצומה של מדעי הביולוגיה, הביוכימיה והביופיזיקה במחצית השנייה של המאה העשרים; פריחת מדע האקולוגיה – הן מצד עניין הציבור הן מצד המחקר המדעי – בזמן האחרון; העליות והמורדות בחקר החלל; או התמורות שחלו בפיתוח הגאומטריה הסינתטית בהשוואה לגאומטריה האנליטית. ספרים רבים ניסו להסביר את השינויים האלה ואת הסיבות להתרחשותם. אולם בין שההסברים המוצעים נכונים בין שהם שגויים, שום הסבר אינו דוחה את העובדה הברורה ביותר: השינויים מתרחשים.

עידני האמונה הנמשכים עשורים או מאות שנים באים והולכים, ותחתיהם באות תקופות המתאפיינות בספקנות או באדישות, ואז שוב מתרחש שינוי עמוק ביחס לאמונה. בעידן של אמונה קל להאמין. למעשה, בזמנים שכאלה האמונה אינה תובעת מן האדם להאמין. היו זמנים ומקומות שבהם אפילו הדיבור על אמונה באלוקים לא היה בגדר אפשרות משום שקיום האמונה היה עובדה פשוטה ומובנת מאליה. אי־אמונה באלוקים נראתה משונה מעט יותר מהטלת ספק בכך שהעולם עגול.

בדרך כלל אנחנו מקבלים את תכתיבי החברה בלי להרגיש בכך כמעט. אנחנו מקבלים דברים כמובנים מאליהם, מסיקים מסקנות בלי הצדקה ומיישרים קו עם הידע המקובל ועם מציאות חיי היום־יום בלי לערער עליהם כלל. איש מלבד הפילוסוף הקפדן ביותר לא יטיל ספק בקיום אפו שלו. אבל בכל האמור באמונה באלוקים מצב העניינים מסובך בהרבה: אנשים רבים פשוט אינם מסוגלים להאמין שהוא קיים.

אנחנו חיים בזמנים שונים בעליל מתקופות אלה. מפנה המאה

העשרים ואחת אינו עידן של אמונה באלוקים. אולם איננו חיים גם בזמנים המעלים על נס את הרציונליות או את הספקנות; תקופתנו מתאפיינת בנכונות להאמין. אנחנו מאמינים או מאמינים למחצה באלפי דברים – מקצתם שטויות גמורות – אבל איננו מאמינים בבורא העולם. יש סיפור יהודי על שני סטודנטים שיצאו לטיול ביער ונקלעו לשטח אש. כאשר שרקו הכדורים מעל לראשיהם הם נבהלו והשתטחו ארצה וחשבו שנפגעו. כעבור זמן מה הרים אחד מהם את ראשו בזהירות ואמר: "נראה לי שאנחנו עדיין בחיים". חברו השיב לו: "ועל מה מבוססת ההנחה הזאת?" אין ספק שרוב בני האדם אינם מרחיקים לכת עד כדי כך.

ההבדל בין שני סוגי האמונה – אמונה באמיתות המקובלות ואמונה באלוקים – אינו טמון בהבדל פסיכולוגי כלשהו אלא בנורמות החברתיות. אם אדם אומר שאינו מאמין, דבריו אינם מדויקים ביותר. אדם שהאי־אמונה טבועה באופיו לא יקום ממיטתו, ואם יקום – לא יצעד אפילו צעד אחד, מפני שכמעט כל מעשינו תלויים במאות או באלפי הנחות המבוססות על אמונה, מן האמונה שהשמש תזרח מחר לאמונה שהמלח עדיין מלוח.

הדתות הממוסדות מכתיבות את הדוקטרינות שאנחנו נדרשים להאמין בהן, ובו בזמן הן קובעות אילו דעות הן בבחינת כפירה בעיקר, באילו דברים אין להאמין. כאשר הדת הממוסדת יצאה מן האופנה, וממלא מקומה בן המאה התשע עשרה, המדע, נעשה דוגמטי ופסקני פחות,[3] נפתח פתח לאמונות טפלות. מציאות זו,

3. תורת היחסות הכללית, מכניקת הקוונטים ותיאוריית הכאוס תרמו רבות ליצירת תחושות אלה.

שרווחה במיוחד בקרב האינטלקטואלים והאינטלקטואלים בעיני עצמם, אינה פרי המקרה אלא תולדה טבעית של השינוי.

אדם שדבק בהשקפה אגנוסטית באמת ובתמים נכון להאמין בכל אל ובכל אמונה טפלה, מפני שדבר אינו בלתי אפשרי לחלוטין ואין אמונות נכונות או אמונות אסורות. משום כך הוא טרף קל לכל תנועה, לכל אידאולוגיה ולכל אפשרות. מבחינת אדם המבקש הוכחות, ובייחוד הוכחות לאי־קיומם של דברים, מבחינת אדם שלא יקבל או ידחה טיעונים אלא על יסוד הוכחות, הכול אפשרי. במובן מסוים, העמדה הזאת לעולם לא תניח לאגנוסטיקן המסכן להאמין בדבר מה באמונה שלמה, אבל הוא מאמין למחצה בכל דבר מפני שאין גבול לאפשרויות.

מישהו הגיע פעם לביקור בביתו של נילס בוהר, אחד הפיזיקאים הדגולים ביותר במאה העשרים. לתדהמתו הרבה הוא ראה פרסת סוס תלויה מעל פתח הבית.[4] כעבור זמן מה, לאחר שהכירו מעט, הוא שאל: "פרופסור בוהר, האם אתה מאמין בפרסות סוסים?" "כלל וכלל לא", השיב בוהר. "אם כן", שאל המבקש, "מדוע תלית פרסת סוס בפתח ביתך?" על כך השיב בוהר: "אומרים שזה עוזר גם כשלא מאמינים בזה".

כולנו מכירים אנשים אינטליגנטים ושפויים בדעתם שכף רגלם לא תדרוך בבית כנסת או בכנסייה משום שאין הוכחה לקיום האל, ועם זאת הם מדברים על אנרגיות, מרפאים את עצמם בעזרת קריסטלים, נמנעים מן המספר 13 משום שהוא מביא מזל רע או נועצים באסטרולוג. כמובן, לא כל האנשים האינטליגנטים בימינו נופלים ברשתן של האמונות הטפלות של העידן החדש. יש

4. לפי האמונה הטפלה פרסת סוס בפתח הבית מביאה מזל טוב.

שמבכרים את האמונות הטפלות המסורתיות: הם מאמינים באמונה שלמה בכותרות של ה"ניו יורק טיימס", בדברי מבקר התאטרון או בפסיכואנליזה. אין ספק שמעיין האמונה מפכה בעוז בימינו.

האמונה באלוקים אינה נכללת בשפעת האמונה הזאת. עצם הנכונות להרהר באפשרות שאלוקים קיים מחייבת מאמץ. הנורמות המקובלות בחברה המודרנית דומות מאוד לדת: הכול נדרשים להשתייך לקבוצה כלשהי, לקנות דברים מסוימים, להיראות כך ולא אחרת, להתנהג כך ולא אחרת. החברה מְצווה: "אנשים אינטליגנטים אינם עושים דברים שכאלה, אינם מדברים עליהם, אינם מאמינים בהם". בעבר נהגו לומר בארצות הברית שדברים מסוימים הם "לא־אמריקניים".[5] כדי להיחלץ מרשתה של החברה ולשחות נגד הזרם יש להילחם, ולשם כך נדרשת כמות נאה של חוסר אמונה. כדי לא ללכת בתלם עלינו ללמוד ולהשכיל ולהחליט החלטה.

אף שהיכולת להאמין לא פחתה, תהום עמוקה פעורה בין הדברים שאנשים מאמינים בהם ובין האמונה באלוקים. ההבחנה בין שתי האמונות אינה רציונלית אלא תלויה בעיקר בהשקפה. איננו חשים שאלפי הדברים שאנחנו מקבלים בדרך כלל בלי להטיל בהם ספק מצריכים אמונה – הם נתפסים כידע או כשכל ישר, ואילו אמונה נוגעת לכל מה שמצוי מחוץ לגבולות הנורמות המקובלות בזמן או בחברה שבהם אנחנו חיים. כדי להאמין יש לדלג מעל לתהום הזאת אף שאיננו יודעים מה נמצא בעבר האחר. בשלב כלשהו עלינו לקפוץ למסקנה שאינה נכללת בידע המקובל.

5. לרעיון זה גרסה ותיקה יותר – "לא אנגלי" – ובימי תפארתה של האימפריה הבריטית היה בכוחה לקטול כל רעיון או מעשה.

הדילוג על פני התהום הזאת אינו קל כלל וכלל. האמונה באלוקים קשה בהרבה מן האמונה בדברים בנאליים ויום־יומיים, משום שההשלכות שלה על המחשבה ועל המעשה רבות מאוד. איננו מקשים קושיות על דברים רבים מפני שהם אינם חשובים דיים. למשל, אם אשאל מתי חי אלכסנדר הגדול, אדם שמתמצא בהיסטוריה יוכל לומר לי באילו שנים הוא חי. איש אינו מטיל ספק בקיומו של אלכסנדר הגדול. מדוע לא? ההוכחות הממשיות קלושות למדי: כמה סיפורים בספרים וכמה ממצאים ארכיאולוגיים שתוארכו לתקופה הזאת. יש אפוא ראיות נסיבתיות היכולות לשמש תימוכין לאמונה בקיומו של אלכסנדר הגדול, אבל קשה לומר שהיא ודאית כשמש בצהריים.

מדוע אפוא איננו מתקשים להאמין בקיומו של אלכסנדר הגדול? הסיבה לכך פשוטה מאוד: מה אכפת לנו? לו יצויר שאלכסנדר הגדול לא היה ולא נברא אלא בדיה היה – מה בכך? הוא אינו אלא דמות נוספת שאינה אמיתית לגמרי. לקיומו או לאי־קיומו של אלכסנדר הגדול אין שום השלכות של ממש על חיינו. מסיבה זו אנו מקבלים עובדות בדבר שטחו של האוקיינוס השקט או מספר הפילגשים של סולטן כלשהו. לאמונות האלה אין שום השלכות, ולכן אין חשיבות לשאלה אם אנחנו מאמינים בהן אם לאו.

אמונות אחרות תובעניות מאוד. לאמונה אמיתית בעניינים חשובים יש השלכות על חיינו: היא משפיעה על השקפת העולם ועל ההתנהגות, על תפיסת הטוב והרע, על הערכים שאנחנו דוגלים בהם. אמונה שכזו אינה סתם פיסת ידע נטול חשיבות שאפשר לקבל או לדחות כאוות נפשנו. אם אומנם אלוקים קיים, אין ספק שיש לקיומו השלכות נרחבות. אם איננו יודעים במה אנחנו מאמינים או אם אמונותינו אינן ברורות לנו (וזה מצבם של רוב בני האדם), אנחנו

יכולים לעשות ככל העולה על רוחנו בלי להרבות במחשבה. אנשים נוטים להימנע מלחשוב, כי קל יותר לחיות כך.

קבלת עיקר אמונה כלשהו אינה קשה מאוד; הקושי נעוץ בקבלת ההשלכות שלו. יש עובדות שאיננו יודעים מניסיון החיים שלנו ועם זאת הן בגדר אמת ודאית. כאשר אנחנו מתוודעים להן, חיינו משתנים. חשבו למשל על עובדת היותנו בני תמותה: איננו יודעים זאת מתוך ניסיוננו האישי אלא רק מחיי אנשים אחרים, והלוא הם אינם נחשבים. אנחנו חיים, ואיננו מכירים בהיותנו בני תמותה. כאשר העובדה הזאת מתחוורת לנו – אם בהיותנו בני שנתיים ואם בגיל שישים ושתיים – אין ספק שנודעת לגילוי השפעה על חיינו. התוכניות משתנות, הציפיות משתנות, סדרי העדיפויות משתנים. האמונה בקיום המוות אינה מזעזעת כשלעצמה, אבל ההשלמה עם המציאות וההתמודדות עם השלכותיה עלולות להיות כרוכות בקשיים. עם כל הכאב שכרוך בדבר, חשוב לעשות זאת.

הקושי השני הנלווה להחלטה להאמין באלוקים הוא התחושה שמדובר בקפיצה. אנחנו חייבים להיות נכונים להמר, ואיש אינו עושה זאת בלי שיחוש צורך בכך. על פי רוב הצורך הזה הוא דחף פנימי הנובע משאלות שאינן נותנות לנו מנוח. יש אנשים ששאלות פילוסופיות־קיומיות טורדות את שלוותם. "מאמר על המתודה" מאת דקארט ו"עליסה בארץ הפלאות" של לואיס קרול נוקטים סגנונות שונים לחלוטין, אך עוסקים באותה השאלה: מהו הקיום? נקודת המוצא של הנביא ישעיהו שונה בתכלית: "שְׂאוּ מָרוֹם עֵינֵיכֶם וּרְאוּ מִי בָרָא אֵלֶּה הַמּוֹצִיא בְמִסְפָּר צְבָאָם לְכֻלָּם בְּשֵׁם יִקְרָא".[6]

6. ישעיהו מ, כו.

השאלות הגדולות האלה – שאלות בדבר הקיום, השאלה מי ברא את היקום ומי יצר את סדרי העולם – מרתקות רק מתי מעט. מרבית האנשים אינם מביטים בכוכבים לעולם. הם אינם חשים צורך לשאת עיניים למרום, ואם הם מרימים את מבטם למעלה הם רואים שלטי חוצות מהבהבים. השאלות המובילות את רוב בני האדם אל האמונה מנוסחות במילים הפשוטות ביותר, ואלה הן: "מה המשמעות של כל זה? מה תכלית החיים?" איננו יכולים לענות על השאלות האלה אלא אם אנחנו קופצים, מהמרים ומשליכים את יהבנו על האמונה. כל אדם שואל את השאלה המעסיקה אותו בדרכו שלו ובזמן המתאים לו. לפעמים השאלות נשאלות ברגעי משבר, אך לא פעם קורה שבאמצע שגרת החיים אדם אומר לעצמו: "אני חי חיים מלאי עיסוקים. אני עושה דברים, אני מתרוצץ מפה לשם, אני חי, אני אוכל, אני עושה את כל מה שצריך לעשות. אבל לאן אני רץ? מה המשמעות והתכלית של כל זה?" בנקודה זו בקשת התשובה מתחילה.

החיים שקולים להליכה במבוך: אנחנו מגששים בלי הרף ומבקשים את הדרך, את הפתרון לחידה. התחושה שאיננו מתקדמים כלל מדכאת למדי, אבל הייאוש העמוק ביותר מורגש כאשר האדם יודע שאין מוצא מן המבוך, שגורלו נגזר לנדוד אנה ואנה ללא תוחלת עד מותו. לא תמיד אנחנו חושבים על משמעות החיים ועל תכליתם, אבל כאשר השאלה הזאת עולה בדעתנו הריהי ככאב מתמיד המכרסם בנו. אנחנו רוצים לקבל מענה לשאלות הקיומיות העמוקות המעסיקות אותנו, ואנחנו רוצים שהתשובה שתינתן תהיה אמיתית. יש לנו די והותר תשובות טריוויאליות וזמניות. "אני חי כדי להרוויח כסף" או "אני כאן כדי לאכול כמה שיותר

המבורגרים" – אולי אפשר לקבוע את הדברים האלה כמטרות בחיים, אך אי אפשר למצוא בהם סיפוק.

עצם הרעיון שיש לחיים תכלית הוא טענה דתית ביסודה, ובקשת התכלית היא מסע רוחני. ייתכן שדברים אלה לא יתקבלו בברכה אצל אנשים מסוימים, הטוענים בתוקף שהם אתאיסטים או אגנוסטיקנים ואינם מאמינים בדבר. גם מי שחש שחייו שקולים למבוך שאין ממנו מוצא יכול לראות בהם קיום מכובד – הרפתקה עתירת סכנות, אתגרים ויופי המזמנת אפשרות לאהוב, לרדוף צדק, להקים משפחה, לסייע לזולת. הרוממות שיש בקיום כזה והאתגרים שהוא מזמן אינם נראים קלי ערך כלל ועיקר, אפילו בעיני מי שסבורים שהכול חדל להתקיים עם המוות. תחושת היופי, הרוממות וההרפתקה יוצקות בחיים משמעות ותכלית. אדם החי כך את חייו הוא אדם מאמין מאוד אפילו אם שם שמיים אינו שגור על פיו, יש לו אמונה עמוקה שיש משמעות טרנסצנדנטית לעמידה בהרפתקת החיים בכבוד.

זו תמצית האמונה: אמונה עמוקה בדברים שאי אפשר להוכיח. אינני יכול להוכיח את קיום היופי, הכבוד, היושר או טוהר המידות, אבל אני יכול לחיות חיים עשירים בכל אלה. מי שיכול לענות תשובות לא־טריוויאליות לשאלות בדבר תכלית ומשמעות מדבר בדרך זו או אחרת על אלוקים – גם אם הוא אינו רוצה להודות בכך מסיבה כלשהי. האתאיסט החי חיים מכובדים, מוסריים ורוחניים הוא מאמין לא־מודע. לולא נלחם מלחמת חורמה באמונה היה מבין שאמונתו מוגדרת היטב, ושאילו ניסח אותה במילים שונות מעט ושינה מעט את דרך הצגת הדברים, ייתכן שהייתה יכולה להיחשב כמעט לדת ממוסדת. ורד הוא ורד בכל שם שנקרא לו, ואלוקים הוא אלוקים גם אם נקרא לו בשם אחר.

יש שיאמרו שכל שאלה בדבר תכלית החיים אינה שאלה מדעית.[7] הצדק עימם. המדע עוסק בסוג אחד בלבד של שאלות, בשאלות הנוגעות לתחום אחד בלבד בחיי האדם. מעצם הגדרתו אין לו נגיעה בשאלות אחרות. שאלות מדעיות, שאלות מתמטיות, שאלות משפטיות ושאלות הנוגעות לסנדלרות נוגעות לצדדים שונים של המציאות. התשובות המדעיות, המתמטיות, המשפטיות או התשובות הנוגעות לסנדלרות אינן יכולות לענות על שאלות האמונה, אך אין פירוש הדבר שהשאלות האלה אינן רלוונטיות, חשובות או מרתקות. כאשר אנחנו מתאהבים, השאלה "האם גם הוא/היא "אוהב/ת אותי" נעשית שאלה חשובה מאוד, שאלה בוערת, ואפשר להגות בה במשך שעות ואף ימים שלמים. אין היא שאלה מדעית, אבל היא חשובה מאוד לאנשים המעורבים בעניין. מסיבה זו השאלה "מה משמעות ההתרוצצות, הלחץ, כל הדברים הקטנים והגדולים שאני עושה?" אף היא שאלה חשובה.

שאלות של אמונה אינן שאלות פילוסופיות, סוציולוגיות או פסיכולוגיות; הן שאלות אישיות ביותר. כל אדם צריך להתמודד איתן בדרכו שלו. אדם מוכן לשינוי, להימור, כאשר הוא מתוודע לשאלה. מעת שהשאלה ידועה לנו, הידיעה דוחפת אותנו אל סף התהום המבדילה בינינו ובין האמונה, ואנחנו חייבים לקפוץ. בדרך משל אפשר לומר שאם אדם מוצא עצמו בחלקת אדמה המוקפת שוחות ואין גשרים במקום הוא חייב לקפוץ, שאם לא כן ימות בדל"ת אמותיו. הקפיצה נעשית כורח, אך לא מפני שאחרים מורים לנו או מבקשים מאיתנו לקפוץ, אלא משום שכל כולנו מוכנים לכך.

7. למען הדיוק יש לומר שהדבר נכון בנוגע למדע של ימינו; אולם במשך דורות רבים מדענים דווקא עסקו בשאלה זו, ואפילו בימינו צצים מדי פעם זרמים טלאולוגיים שונים.

בהגיענו לנקודה הזאת אנחנו חושבים: ״עליי להחליט אם לקפוץ או לא לקפוץ״. האם הקפיצה תלויה ברצון החופשי? כמובן, הרשות לבחור תמיד נתונה. לא תמיד אנחנו ראויים לשבח על הדברים שלשמם אנחנו מנצלים את יכולת הבחירה החופשית, אבל בשלב כלשהו אנחנו מחליטים החלטה.

נקודת ההחלטה יכולה ללבוש צורות רבות. יש אנשים החווים את הבחירה באמונה כרגע מטלטל ובלתי נשכח; ויליאם ג׳יימס מתאר חוויות כאלה.[8] אולם אנשים רבים מאוד אינם חווים רגע של התגלות, ובכל זאת הם מאמינים. במציאות, האמונה אינה מופיעה בהכרח כחוויה רגשית עצומה ואדירת כוח, והדברים אמורים בחוטאים ובצדיקים גם יחד. יש אנשים שאינם יודעים כלל שדילגו מעל לתהום: הם פשוט צעדו לתומם, ופתאום מצאו את עצמם בעברה האחר. רק אם יתבוננו לעמקי נפשם ויתחקו אחר מהלך חייהם יצליחו אולי לזהות את רגע השינוי.

נוסף על כך אנשים רבים אינם יודעים שהם מאמינים: אנשים בעלי אמונה עמוקה שפשוט אינם אוהבים את השפה הדתית, את דרכי הביטוי המקובלות לאמונה. בנסיבות מסוימות או בתוך קבוצות חברתיות מסוימות קל הרבה יותר לכנות את האמונה בשם אחר. אנשים אלה אינם בהכרח בבחינת אנוסים (החייבים להסתיר את אמונתם); איש אינו מכריח אותם להאמין בדבר זה או אחר, אבל הם אינם מודעים לאמונתם. הם חיים את חייהם בלי לדעת שהם שייכים לעדת המאמינים, משום שאינם מגדירים את עצמם כך.

ההכרה ״אני מאמין, מאז ומעולם האמנתי, וייתכן שלא חדלתי להאמין מאז הייתי בן שנתיים״ תתקבל בזעזוע אצל מקצת מאותם

8. ויליאם ג׳יימס, **החוויה הדתית לסוגיה**, מוסד ביאליק, 1969.

מאמינים לא־מודעים. הם אינם רגילים לרעיון, ומשום כך הם חשים שדבר מה אינו כשורה אצלם. אך אף על פי שהם חורגים מן המקובל בחברה, הם מודים שיש בהם חלק שהוא רכיב טבעי מאוד של הקיום.

במקרים רבים ההכרה הזאת תלויה בחקירה ובבדיקה. ייתכן בהחלט שהמאמינים שמחוץ לבתי התפילה רבים מן המאמינים הבאים בשעריהם. יש אנשים בעלי אמונה עמוקה שאינם אוהבים את התפילה הממוסדת או אינם מסכימים עם שום שיטה תאולוגית, ולכן הם אינם משתייכים לקבוצה דתית או לדת ממוסדת. למרות כל זאת האמונה אינה מרוחקת או מוחלטת. כדברי הכתוב: "לֹא בַשָּׁמַיִם הִוא... וְלֹא מֵעֵבֶר לַיָּם הִוא... כִּי קָרוֹב אֵלֶיךָ הַדָּבָר מְאֹד בְּפִיךָ וּבִלְבָבְךָ לַעֲשֹׂתוֹ".[9]

9. דברים ל, יב־יד.

מעשים טובים

רבים מן האנשים שניחנו בחוש מוסרי מפותח, ובהם גם אנשים הרואים בעצמם דתיים מאוד, מחזיקים בתפיסה מסוימת של "הדברים הקטנים". הם אומרים או חושבים: "באמת אכפת לאלוקים מהדברים הקטנים האלה? נראה לכם שאכפת לו באמת מה אני עושה במטבח, בחדר השינה או במשרד?", ולעיתים קרובות הם גם מחליטים כיצד לנהוג לפי המחשבה הזאת.

בחירת הדברים הנחשבים לפרטים שוליים תלויה בסביבה התרבותית והחברתית, אבל היא משקפת תמיד את אותו רעיון כללי: הדברים הגדולים חשובים, ואילו הדברים החשובים פחות אינם צריכים להעסיק אנשים אינטליגנטים. דברים "לא־חשובים" אלה אינם בהכרח דברים שמעוררים התנגדות עקרונית. למקצתם אנחנו אדישים ומקצתם אפילו מועילים בעינינו, ובכל זאת אנחנו חושבים שאינם חשובים. פרטים קטנים שכאלה מצויים בכל דת. יש מהם חיוביים כמו השתתפות בתפילות או קיום מצוות הדת, ויש מהם שליליים כמו גנבת דברים קטנים או שקרים לבנים. לפעמים

אנשים מקבלים את האידאלים הנשגבים והעקרונות הכלליים אבל לא את הפרטים הקטנים.

יש אנשים שאצלם הגישה הזאת אינה אלא עצלות במסווה, אך יש בה גם יסוד דתי ותאולוגי אמיתי. אדם שואל: כיצד ייתכן שמעשיי, טובים ורעים כאחד, חשובים בעיני אלוקים? אלוקים מושל ביקום שבו גרמי שמיים אדירי ממדים כמוהם כנקודות קטנות בתוך הגלקסיות הסובבות הרבות מספור. מי אני ומה אני בהשוואה לכל אלה? אומנם יש לי חשיבות בקבוצות השתייכות קטנות – משפחה וחברים – אך אם מתבוננים בעולם מנקודת מבט רחבה יותר המביאה בחשבון את הזמן ואת המרחב, מעשיי ואף עצם קיומי נראים חסרי כל חשיבות.

מנקודת מבט כזאת, המחשבה שאדון העולם מתעניין בחטא הקטן שלי נראית משונה מאוד. וברוח דומה אפשר לתהות: האומנם יש חשיבות לכך שאני נותן צדקה או מעודד חבר הנתון בצרה? הוא הדין בתפילה: מה הסיכוי שקולי נשמע כאשר אני מבקש משהו? האין המחשבה שיש חשיבות כלשהי לדברי השבח או הבקשה שאני אומר נגועה ביומרנות ואף גרוע מכך?

שאלת יסוד זו מעסיקה אנשים רבים, אם במודע ואם לא במודע. יש מי שמתנהג כאילו אין עליה תשובה, ואילו אחרים חשים מבוכה ורוגז בעטייה. תהא התגובה לשאלה אשר תהא, היא נובעת מתפיסה ילדותית של אלוקים, שרבים דבקים בה גם בבגרותם: איש ולו זקן לבן היושב אי שם בשמיים, אלפי קילומטרים מעלינו, בידו האחת מטֶה ובשנייה חבילת סוכריות.

לפעמים בבגרותנו אנחנו מחליפים את התמונה הזאת – שאנו מבינים שהיא ילדותית ושגויה – בדמות ה"בוס". אני מצייר בדעתי מנהל מיטיב הדואג לי: אני פונה אליו כשיש לי תלונות; הוא מחייך

כשאני מחמיא לו, ואם רוחו טובה עליו אולי ייעתר לבקשתי. אם אני שוגה בעניין כלשהו הקשור לעבודת המשרד הוא יגער בי או יענישני. בחברות גדולות אדם אחר ממונה על המנהל שמופקד עליי ישירות; מה שאני אומר אינו חשוב בעיני המנהל הבכיר, משום שאין בינינו כמעט מגע ישיר. אני רק בורג קטן במערכת גדולה. המנהל הבכיר מעניש אותי רק אם אני עושה מעשה רע מאוד, וזוכרים שאני העבריין רק אם המעשה חריג בחומרתו.

הדפוס מתעצם כאשר מטפסים בסולם הדרגות למנהל בכיר עוד יותר. ברמה הזאת אין שום חשיבות לפרטים הקטנים. אין מדווחים למפקדו של צבא גדול על אובדן יחידה או על היתקלות צבאית קטנה. נשיא ארצות הברית אינו יודע מה עושה כל פקיד במשרדו, וגם לא אכפת לו מכך. מזכירים משיבים למכתבים שהאזרחים הקטנים שולחים אליו; רק אנשים דגולים ומפורסמים מקבלים תשובה אישית מהנשיא מדי פעם בפעם.

למרות כל זאת, תחום כוחו והשפעתו של נשיא ארצות הברית מצומצם מאוד בהשוואה ליקום כולו. אילו הופקד מישהו על כדור הארץ, על מערכת השמש, על שביל החלב על מיליוני הכוכבים וכוכבי הלכת שבו וכן על הגלקסיות שמעבר לו, אדם כזה ודאי לא היה מטריח עצמו לעסוק בפרטים קטנים.

אם חושבים על אלוקים כעל אדון היקום הוא מצטייר כמנהל הגדול מכול שוודאי עסוק בדברים הגדולים ואין לו זמן לזוטות. והפרטים הולכים וקטֵנים ככל שתחום השפעתו של אלוקים גדל במחשבתנו. האם עם אחד, כוכב לכת אחד או אפילו מערכת שמש אחת חשובים בעיניו של ריבון העולמים? אם כל אלה אינם חשובים, אין ספק שמעשיי חסרי חשיבות ושוליים מכדי שיבחין בהם. ודאי אין סיכוי שאני הקטן אישמע, ולא כל שכן אזכה למענה.

אנשים החושבים כך סבורים שהתפיסה הזאת מבטאת כבוד רב לאלוקים. הם חושבים: אני איני כאנשים הבורים המאמינים שהקב"ה מכלה את זמנו בבחינת הפרטים הקטנים בחיי כל אדם ואדם. אפילו כהורים איננו יודעים או מעוניינים לדעת כל דבר ודבר שילדינו עושים. יש פרטים קטנים רבים מאוד שאיני יודע עליהם דבר. הדברים הגדולים הם שחשובים לי. אדם שזו עמדתו חושב שהוא בוחן את המציאות מנקודת מבט רחבה: הוא רואה את מרחבי היקום, ומסיק שלא ייתכן שיש לאלוקים פנאי לעסוק בפרטים.

לאמיתו של דבר, המחשבה שאלוקים אינו מתעסק בפרטים הקטנים מצמצמת אותו למידותיי. גם אם אגדיל את התמונה שציירתי בדמיוני עשרת מונים, אין היא אלא תמונתי שלי מבעד לעדשה מגדילה: אלוקים חשוב מאוד, הוא אישיות חשובה מאוד, ולכן הוא כמו מנהל בכיר, שליט חשוב, נשיא חשוב – גדול פי כמה וכמה. אולם גדולה ככל שתהיה התמונה הזאת, היא אינה אלא תמונה אנושית קטנה שהוגדלה.

מנהל בכיר אינו יודע ואינו רוצה לדעת לאן נעלמו מהדקי הנייר במשרד מפני שמוחו מוגבל. במחסן יש מקום למספר מוגבל של דברים, ואין ברירה אלא להיפטר מכל השאר. לכן המנהל נדרש להחליט מה חשוב לו ומה לא חשוב; הוא אינו יכול להרשות שמוחו יתמלא בפרטים קטנים ובלתי רלוונטיים לעבודתו, וָלא – ייפגע תפקודו. ככל שהמנהל בכיר יותר גדל מספר הפרטים שהוא מופקד עליהם, ולכן הוא יכול לעסוק בעניינים כלליים בלבד. אם אנחנו חושבים שלאלוקים לא אכפת מדבר זה או אחר, אנחנו עושים את אלוקים בצלמו של מנהל בכיר.

אולם בשונה מהבכיר שבמנהלים, אלוקים אין־סופי. קשה לתפוס במחשבה את מושג האין־סוף אפילו בתחומי המתמטיקה,

וכתיאור של אלוקים קשה עוד יותר להשיגו. לדבר אין־סופי אין גבולות ואין קצבה למספר הפריטים והפרטים שהוא יכול להכיל. יתרה מזו: עובדה מתמטית בסיסית היא שבהשוואה לאין־סוף כל מספר שווה לאפס, וכל הגדלים האחרים שווים זה לזה. חלק אחד ממיליון או אלפיים קוודריליון – בהשוואה לאין־סוף שניהם היינו הך ושווים לאפס. האמירה התאולוגית המקבילה היא שאין־סופיותו של אלוקים פירושה שכל הפרטים, ויהא גודלם אשר יהא, חסרי חשיבות במידה שווה. מנקודת מבט זו, גלקסיה המכילה אלפי כוכבי ענק כמוה כזעיר שבחלקיקים בתוך האטום.

לכן הטענה שגורלו של כל עשב ועשב חשוב בעיני אלוקים הגיונית לא פחות מהמחשבה שגורל הגלקסיה חשוב בעיניו: בהשוואה לאלוקים, גודלם שווה. אם ליקום כולו (שלמרות גודלו העצום אינו בלתי מוגבל) יש חשיבות בעיני אלוקים, כל חלקיו הקטנים חשובים בעיניו באותה המידה. אלוקים שומע במידה שווה את תפילתו של ילד קטן ואת זעקת אלף, מאה אלף או חמשת אלפים מיליוני בני אדם; אין שום חשיבות למספר. בדומה לכך, שירת הכוכבים וציוץ ציפור קטנה נשמעים במידה שווה.

בחזרת הש״ץ בתפילת מוסף בימים הנוראים אנחנו אומרים שאלוקים ״שווה ומשווה קטון וגדול״. הפיוט מבטא את הרעיון שההבדלים בין גדול לקטן, חשוב לבלתי חשוב או יפה למכוער בטלים ומבוטלים לפני אלוקים האין־סופי וחסר הגבולות, וכל הגבולות כאין וכאפס לפניו. דברים דומים כתובים בספר תהילים: ״אִם אֶסַּק שָׁמַיִם שָׁם אָתָּה, וְאַצִּיעָה שְּׁאוֹל – הִנֶּךָּ״.[1] משורר תהילים

1. תהילים קלט, ח. על פרק זה כתב ר׳ אברהם אבן עזרא שהוא הפרק החשוב ביותר בספר תהילים.

אומר כי השמיים והארץ, המרוחק והקרוב, החושך והאור הם היינו הך בעיני אלוקים.

הינה המחשה מעולם ההייטק שתשבר את האוזן: מחשבים מסוגלים לחשב מספרים גדולים ביותר, אך שום מחשב אינו מסוגל להתמודד עם מספרים אין־סופיים משום שאפילו המחשב החזק ביותר מוגבל למדי בסופו של דבר. לצורך הדיון הבה נניח שיש בנמצא מחשב שמסוגל לכך. האם ייתכן שהמחשב מסוגל לעשות פעולות מתמטיות מסובכות במספרים עצומים אך לא לחשב כמה זה שתיים ועוד שתיים? אם המחשב יכול לחשב רק עקרונות כלליים אך לא פרטים קטנים, לאמיתו של דבר אין הוא מסוגל לפעול כלל.

רעיון דומה מופיע בפרק קיג בתהילים (ובעיקר בפסוקים ד-ה). מצד אחד אומר הפרק: "רָם עַל כָּל גּוֹיִם ה', עַל הַשָּׁמַיִם כְּבוֹדוֹ". התחושה שאלוקים מרוחק ומצוי מעל ומעבר לכול מצטיירת בפסוק כחלק בלתי נפרד מרוממות ה' ומכבודו. אולם בהמשך הפרק נאמר: "מִי כַּה' אֱלֹקֵינוּ הַמַּגְבִּיהִי לָשָׁבֶת, הַמַּשְׁפִּילִי לִרְאוֹת בַּשָּׁמַיִם וּבָאָרֶץ". יש שמבקשים לשבח את ה' באמירה שהוא גדול כל כך שכבודו "על השמיים", אולם הרעיון המשתמע ממנה הוא שאלוקים נמצא רק שם, ולכן אני רשאי לעשות ככל העולה על רוחי, בביתי הפרטי או במקום העבודה. אם אלוקים גדול כל כך, אפשר ודאי להגניב מעשים קטנים מאחורי גבו. אומנם אל גדול שכזה לא יטה אוזן לבקשותיי, אבל איני צריך לחשוש שינזוף בי.

מזמור קיג בא לומר שאלוקים גדול הרבה יותר: הוא משפיל מבט ומתבונן בשמיים מלמעלה, ולפיכך הוא מתבונן גם בארץ. אלוקים האין־סופי נמצא בכל מקום, ולכן השמיים והארץ הם היינו הך בעיניו. המלאכים אינם חשובים מעכבר בעיניו. אנחנו קטנים,

ויכולותינו מוגבלות ולכן בעינינו יש הבדל עצום בין זבוב ובין פיל. בעיני אלוקים ההבדל ביניהם הוא דבר של מה בכך.

במילים אחרות: היכולת להתבונן בפרטים היא חלק מהאין־סופיות, ואפילו אחת ההגדרות של האין־סופיות. כשם שאין דבר גדול מכדי שאלוקים יוכל לענות בו, אין דבר קטן מכדי שייתן עליו את דעתו. אין בנמצא דבר חסר חשיבות או פעוט דיו לחמוק מעיני אלוקים, משום שעיניו משוטטות בכול וראייתו מקפת את הכול. לכן האמונה שיש בעולם דברים שחשיבותם קטנה עד כדי כך שהם נעלמים מעיני אלוקים גרועה מכפירה בעיקר: היא הבל ורעות רוח. רעיון העמידה מול האין־סוף טומן בחובו התמודדות עם כל הפרטים עד האחרון שבהם, והפרט הפעוט ביותר חשוב בדיוק כמו כל קיומו של האדם.

אבל האם אכפת לאלוקים מאיתנו, ומדוע? אני אדם ותו לא, ולכן חיי, פרנסתי או החתול שלי חשובים ביותר בעיניי. אבל אני הלוא מוגבל מכל בחינה אפשרית, ולכן דברים רבים מטרידים או משמחים אותי. לעומת זאת, אלוקים אין־סופי; מדוע ייתן אלוקים את דעתו על היקום, אדיר ככל שייראה היקום בעיניי?

קשה מאוד לענות תשובה לשאלה בשמו של אלוקים, אבל אפשר לומר בוודאות שאומנם אכפת לו מהיקום. מטעמים השמורים עימו טרח אלוקים לברוא את העולם ולקבוע מערכת מורכבת של חוקים מורכבים (שאנחנו מכנים "חוקי הטבע") שעל פיהם הוא פועל – ומשמעות הדבר שהיקום חשוב לאלוקים. אולי אלוקים ברא עולם ומלואו לשם שעשוע או ניסוי – אבל הוא טרח לברוא אותו. ומאחר שהעולם קיים, אי אפשר לומר שבגלל גדולת אלוקים ורוממותו הוא אינו מודע לקיום העולם ואינו נותן עליו את דעתו בדרך זו או אחרת.

לפיכך מעשה רע קטן שאני עושה חשוב כמו כל חיי, ומחשבה שלא הספיקה כמעט ללבוש צורה במוחי חשובה כמו הנשגבת שבשירות. אלוקים שומע את בכיו של פעוט המתייפח במיטתו ואת נאום נשיא ארצות הברית המשודר בכל העולם במידה שווה. רק מחשבת הכפירה שאלוקים מוגבל וידיעתו מוגבלת מעוררת את השאלה אם לאלוקים אכפת מאיתנו ומובילה למבוכה המתלווה לשאלה.

תפיסה בוגרת יותר ומופשטת בהרבה של אלוקים אינה מרחיקה אותו מאיתנו. אדרבה, היא מקרבת אותו מאוד. אולם אין בה כדי לתת תשובה סנטימנטלית נוחה לבעיות רבות הקיימות בקשר שלנו עם הבורא. תהום פעורה בין רצונותינו וחלומותינו האנושיים ובין המציאות, וכך יהיה לעולם. התשובה האמיתית לשאלות אינה בהכרח התשובה שאנחנו רוצים לשמוע, אך אם ניטיב להבין את המציאות נחסוך מעצמנו חלק ניכר מהסבל הרגשי הנובע מציפיות לא ראליות.

לפיכך אפילו אם מקבלים את הרעיון שהאלוקים שומע הכול ובכלל זה את תפילותינו, עלינו לשאול שאלה נוספת: האם יש מקום לצפות לתשובה?[2] אנשים סבורים משום מה שהתגובה הראויה לתפילותיהם היא הגשמת הבקשות. אולם כל מי שחי בעולמנו יודע שלעיתים אנחנו מגישים בקשה, והבקשה מגיעה ליעדה ונקראת ולמרות זאת היא נענית בשלילה. הוא הדין בתפילה: אפילו תפילה שנאמרה בלהט ומתוך רצון טוב וכוונות כנות יכולה להיענות בשלילה. לא מעט אנשים מצפים לקבל כל דבר שהם מבקשים, לפחות כשהם מבקשים דבר מאלוקים. אני מכנה את המחשבה הזאת

2. תורת הזן קוראת להרהר, להטיל ספק ולשאול שאלות – יש מהן פשוטות ואחרות קשות למדי – עד שהאדם יצליח אולי לחוש שלווה ולא יהיה לו עוד צורך לשאול ולהשיב. התפילה היא תהליך שונה לחלוטין.

"פילוסופיית הילד המפונק". בתפילה אנחנו מבקשים תשובה או הסבר, אבל אין ערובה שהתשובה תהיה מספקת בעינינו.

לעיתים נדירות בלבד אדם מקבל תשובה ישירה ומפורשת.[3] לעיתים תשובה חלקית ניתנת שנים רבות אחרי הבקשה. מעשה שעשיתי בעבר, שנראה חסר שחר או מוטעה בזמנו, יכול להתגלות כפעולה חשובה ומוצלחת ביותר במבט לאחור. אולי אני מצפה שהברק יכה בי בכל פעם שאחטא, אבל הברק יבוא בעת המתאימה בעיני אלוקים – על פי רוב כשאיני מצפה לכך כלל. לא פעם התשובה לתפילה היא דממה, והיא המענה ההולם ביותר. וייתכן בהחלט שנמתין כל חיינו – לפחות בעולם הזה – ולא נקבל שום תשובה.

הצורך בהסברים הוא צורך אנושי מובן בהחלט. אנחנו רוצים לדעת את האמת, ואנחנו רוצים להבין מדוע ולשם מה דברים מתרחשים. אולם אנחנו רוצים דבר נוסף: אנו מצפים שהאמת הזאת תובן בקלות. שני הרצונות האלה סותרים זה את זה בדרך כלל. אנחנו מפריזים בהערכת יכולת ההבנה שלנו, ולא פעם איננו מצליחים להבין את ההסבר שניתן לנו. תהליך החשיבה שלנו מושפע מאוד מרצונותינו ומנטיות ליבנו, ונוסף על כך הוא מוגבל מעצם טבעו. תשובה מלאה עלולה לא לנעום לאוזנינו, ועל פי רוב תהיה הרבה מעל להשגתנו.

אולם כל האמור לעיל אין משמעו שאל לנו לשאול. הנביא ירמיהו אמר: "צַדִּיק אַתָּה ה' כִּי אָרִיב אֵלֶיךָ, אַךְ מִשְׁפָּטִים אֲדַבֵּר

3. ראו למשל בסוף ספר איוב. ובאשר לאנשים הסמוכים ובטוחים שאומנם הם מקבלים תשובות ממין זה, הצדק עימם במקרים מעטים בלבד; ברוב המקרים תחושתם היא פרי הדמיון, אשליה או אפילו נוירוזה.

אוֹתָךְ".[4] רוצה לומר, אלוקים צודק מטבעו, אבל יש לנו הזכות לא להסכים איתו ואפילו למחות נגד החלטותיו. אם אנחנו סובלים וכואבים מותר לנו לזעוק. אדרבה, אם נעלים עין מן הכאב נימצא שקרנים.[5] הטקס הקדום ביותר של העם היהודי – ליל הסדר, הלילה הראשון של חג הפסח – בן כמה אלפי שנים. היום כבימים עברו ליל הסדר נפתח בשאלות שהילדים שואלים, ואם אינם יודעים לשאול יש ללמדם כיצד שואלים. ליל הסדר מורה ששאילת שאלות היא נקודת ההתחלה לכול. שאלות אינן בגדר רשות בלבד אלא רצויות. כאשר שאלה טורדת את שלוותו של אדם, עליו לשאול אותה.

יתרה מזו: כאשר אנחנו רואים רע כלשהו, לא די שאנחנו חשים צורך לשאול שאלות ולדרוש תשובות, אלא שיש לנו גם הזכות ואפילו החובה לעשות כן. למרות זאת אין ערובה שנקבל תשובה ושאם נקבל תשובה נוכל להבינה.

אין הבדל עקרוני בין השאלות שמתעוררות לנוכח השואה לבין השאלות שמתעוררות בנו בעקבות ביקור קורע לב במחלקה אונקולוגית לילדים. בין שמדובר ביהודים, בין בילדים ובין בעכברים, השאלה זהה ביסודה: האם כל יצור ויצור בעולם חשוב בעיני אלוקים?

התנ"ך מרבה לתאר את הגאולה כלידה. גם הגאולה תלוּוָה בכאב, בדם ובצעקות. מותר לנו לזעוק, מותר לנו לומר: "אולי אתה צודק, אבל אני רוצה לדעת למה!" ביום מן הימים נלך כולנו לעולם אחר, נהיר יותר, ושם ניטיב יותר לראות את אלוקים. שם נוכל להתלונן כראוי, ואולי לא יהיה לנו עוד הצורך להתלונן.

4. ירמיה יב, א.
5. בבלי, יומא סט ע"ב.

הפילוסוף והמאמין שואלים ביסודו של דבר שאלה אחת בתחום התאולוגיה, אך נקודות המבט שלהם שונות בתכלית, ואפשר לדמות אותן להיקף המעגל ולמרכזו. הפילוסוף שואל: "העולם קיים. איך ייתכן אפוא שאלוקים קיים?" הוא מנסה לפלס נתיב מההיקף אל המרכז. לעומת זאת, המאמין שואל: "אלוקים קיים. איך ייתכן אפוא שהעולם קיים?" הוא מבקש דרך שתחבר את המרכז להיקף. לפעמים הן הפילוסוף הן המאמין נוחלים הצלחה; הם מוצאים תשובות טובות, והם פוגשים זה בזה. אולם כאשר המאמצים נכשלים, שאלתם עומדת ללא תשובה. אילו הבחירה איזו שאלה בחיינו תיוותר בלא תשובה הייתה נתונה בידינו, אני חושב שכדאי לדחות את השאלה "אני נמצא בעולם, איך ייתכן שאלוקים קיים?", ותחת זאת עדיף הרבה יותר לומר "אלוקים לצידי. בסך הכול איני מבין איך ייתכן שהעולם קיים".

מין

דברים רבים כל כך נאמרו על המיניות. יש שסבורים שיחסי מין הם דבר מלהיב, הביטוי הנעלה ביותר לאהבה; אחרים רואים בהם דבר מלוכלך ומביש. כך או כך, מאז ומעולם ריתקה המיניות את בני האדם. יחסי מין הם חוויה אנושית אוניברסלית מורכבת ביותר התובעת חלק נכבד מאוד מזמננו וממרצנו, והם קשורים תמיד לרגשות עזים ביותר, חיוביים ושליליים כאחד.

בפרק זה לא אדבר על אהבה, משפחה או מוסר, וכן לא אחרוץ משפט בשאלה אילו התנהגויות הן בגדר סטייה. תחת זאת אני מבקש לנסות להבין חלק מהקסם העצום שהעניין הזה מהלך עלינו וכן כמה מבעיות היסוד הקשורות אליו. מדוע המיניות מושכת כל כך?

תיאור עובדתי של יחסי מין – רוצה לומר, תיאור של המעשה והתגובה במישור הפיזיולוגי גרידא – הוא עניין פשוט ביותר, ויתר על כן, הוא עלול להיות משמים למדי. הינה תיאור עובדתי שכזה: "חיכוך הדדי של אזורים ארוגניים". ואולם תיאור מעין זה אין די בו להסביר את העניין שיש לנו במין, את המשיכה שלנו

אליו או את העובדה שבני האדם מייחדים ליחסי מין מחשבה רבה כל כך – חושבים, חולמים ומדברים עליהם לפני מעשה, מקיימים אותם בפועל ונזכרים בהם לאחר מעשה – משום שכל אלה אינם קשורים אך ורק לתגובה הפיזיולוגית. התגובה הפיזיולוגית היא חלק מן העניין אך לא יותר מכך, ואין די בה להסביר או להצדיק את העניין הגדול שיש לנו במיניות.

המיניות אינה נחלת המין האנושי בלבד, אלא היא קיימת בכל הברואים כמעט: יפים ומכוערים, דבורים ועכבישים, איילות וקופים, ירקות ופרחים. אפילו אצל החיידקים, שעל פי רוב מתרבים באמצעות התחלקות פשוטה של התא, רואים מדי פעם בפעם דבר שדומה למעשה מיני – שני תאים מתמזגים זה בזה, מתארגנים מחדש ומשתנים.

בעולם החי המיניות לובשת צורות רבות ושונות, ואנחנו יכולים ללמוד מהן רבות – ולא רק את התשובה לשאלה כיצד חיי המין של יצורים אחרים נראים, אלא גם על עצמנו: במה אנחנו אנושיים? במה אנחנו דומים לבעלי חיים אחרים? במה אנחנו נבדלים משאר שוכני העולם? הידע הזה חשוב לנו מאוד. הצורך שלנו לדעת אילו התנהגויות מהותיות וקבועות הולך וגובר בעקבות השינויים המתחוללים חדשות לבקרים בתשובות הניתנות לשאלה אילו ערכים והתנהגויות מקובלים וראויים.

בחלק הארי של עולם החי המין הוא תוצר לוואי, תהליך שאינו אלא אמצעי המשרת את המטרה – פרייה ורבייה והמשכת קיום המין הביולוגי. זהו הכלל, אף שגם בקרב בעלי החיים יש יוצאים מן הכלל הזה. ואולם, יצר המין על מופעיו הרבים הוא אחד הדחפים החזקים ביותר שקיימים אצל כל בעלי החיים. יש בעלי חיים שהדחף שלהם לעסוק בפעילות מינית חזק יותר מכל הדחפים

הבסיסיים האחרים, אפילו יותר מן הרעב או מיצר ההישרדות. יש מינים של בעלי חיים שהזכרים בהם מעמידים עצמם בסכנה בעת ההזדווגות – ולא בסכנה מוסרית אלא בסכנת חיים ממש. יש בעלי חיים הנודדים במשך חודשים אל המקום שהם מתרבים בו, ואחרים נלחמים זה בזה בלהט גדול כל כך שרבים מהם מתים בניסיון לקנות להם זכות להזדווג. נקבת גמל השלמה העדינה מולקת את ראש הזכר בזמן ההזדווגות ולאחר מכן אוכלת את שאר גופו.

זאת ועוד, הדחף המיני שפוקד את כל באי עולם אינו קשור בהכרח לעונג או להנאה באזורים הארוגניים. למשל, במרבית מיני הדגים הזכר והנקבה מקיימים טקסי חיזור מורכבים ומנהגי רבייה משונים, אך הם אינם נוגעים זה בזה כלל, וההפריה מתרחשת מחוץ לגוף. אם הם חווים הנאה מתהליך הרבייה אזי מקורה יכול להיות סיפוק הדחף, אך לא מה שאנחנו בני האדם רואים בו את המרכיב העיקרי של יחסי המין – העונג שבמגע הגופני. אצל רוב בעלי החיים המין אינו אלא אמצעי המשרת מטרה. יש קשר בל־יינתק בין המעשה המיני ובין מטרתו הביולוגית – הרבייה. לנקבות של מרבית היונקים (ולזכרים של כמה מינים) יש תקופות של ייחום שבמהלכן הן פוריות ובשלות לפעילות מינית, ואילו שום פעילות מינית אינה מתקיימת מחוץ לתקופות הייחום.

אנחנו, בני האדם, נבדלים בדבר הזה משאר עולם החי. אצלנו יחסי המין אינם קשורים בהכרח להולדת צאצאים. אפשר אפילו לומר שאלה שני עניינים נפרדים; הקשר ביניהם נותק, ואנחנו יכולים ליהנות מיחסי מין גם אם הם לעולם לא ימלאו את מטרתם הביולוגית.[1]

1. בכמה חברות פרימיטיביות לא ידעו כלל שיש קשר בין יחסי מין להולדה. הם קיימו יחסי מין לשם ההנאה שבדבר, וייחסו את ההריונות לכוחותיהם של יצורים שמימיים.

בגלל ניתוק הקשר בין יחסי המין ובין מטרתם הביולוגית, הרבייה, טבועה בנו תשוקה גדולה ועזה מאוד שאין לה מטרה ביולוגית מוגדרת. זו הסיבה שבעטייה אנחנו מפחדים מיחסי מין – או לכל הפחות נוהגים בהם בחשדנות. התגובה האנושית למין היא אוניברסלית, והיא שונה מתגובותינו הרגשיות לתשוקות ולצרכים פיזיים אחרים. התגובה הזאת באה לידי ביטוי בשלל צורות: בטקסים פומביים מורכבים או בתחושת פחד ומבוכה. ההתחנחנות והמשחק וגם החשאיות וההכחשה – כולם נובעים מן התחושה שיש בתוכנו שד, תשוקה פרועה, בלתי צפויה וחסרת גבולות מובנים.

אנחנו מכירים אלפי חברות אנושיות מן העבר וההווה, וכל אחת מהן שונה מאוד מחברתה. חברות בני האדם שונות זו מזו בדרכים שבהן הן מבינות את העולם ואת עצמן, בדברים שהן מוקירות או מתעבות, מדגישות או מזניחות, בתפקידים השונים הניתנים לאנשים בתוך החברה ובשלל סוגי הקשרים בין בני האדם. יש חברות שנהוגות בהן מגבלות שונות על אכילה, ובאחרות אין כמעט מגבלות או איסורים הנוגעים לאוכל. הסיבה להבדלים האלה היא שלפעולת האכילה יש גבולות טבעיים: אנחנו אוכלים כדי להשביע את הצורך שלנו בתזונה, שהוא צורך גופני־פיזיולוגי מוגדר היטב, וכמות האוכל שאנחנו מסוגלים לאכול מוגבלת. הוא הדין גם בשינה ובתנועה, שהן צרכים מוגדרים ומוגבלים מצד עצמם.

ואולם, בכל חברה אנושית בעולם יש עניינים הנוגעים למין שהם בגדר טאבו. איסורים אלה אינם זהים בכל החברות; יש מהם השכיחים למדי ואחרים מצויים בתרבות אחת בלבד, אך תמיד יש דברים הנחשבים לטאבו. האיסורים האלה, אותן מגבלות שבני האדם קובעים לעצמם, אינם ביולוגיים. אין כל סיבה ביולוגית שתמנע בעד אדם לקיים יחסי מין עם כל אדם אחר, ואפשר אפילו לומר: עם כל

דבר אחר. אנשים שאינם יכולים להעמיד צאצאים יחד יכולים לחוש תשוקה מינית זה כלפי זה, והתשוקה יכולה להתבטא באופנים שאינם מביאים להולדת ילדים. מאז ימי קדם נעשה שימוש במגוון אמצעים למניעת היריון, ואמצעים אלה מגדילים את הנתק בין יחסי המין ובין הרבייה. בעולם המודרני והמפותח טכנולוגית שאנחנו חיים בו היה הנתק הזה לפשוט ושכיח בעקבות המצאת הגלולות למניעת היריון. שינוי זה היה מהיר יותר משינויים אחרים בתרבות הכללית, והיו לו תוצאות שלא נצפו מראש.

טאבו מיני או כללי התנהגות מינית אינם קיימים אצל בעלי החיים משום שאין להם צורך בכך; כוחות טבעיים מגבילים את הדחף המיני של בעלי החיים. היצר המיני שלהם מכוון להגשמת התכלית – העמדת צאצאים – ומגבלות הדחף המיני מוּבנות בתוכו. היצר והתכלית קשורים זה בזה, והיצר יתפרץ רק בהקשר הנכון, כלומר רק כאשר יש צורך ביולוגי. אצלנו, לעומת זאת, אין ליצר הזה מגבלות מובנות, ולכן אנחנו חשים שיש להגבילו בדרך זו או אחרת. לפיכך אנחנו קובעים גבולות רבים ושונים – מוסריים, חברתיים, דתיים – וכולם נועדו לתחום את התשוקה הזאת לזמנים, למקומות ולהקשרים ספציפיים.

כיום הגבולות האלה מיטשטשים והולכים, נעשים מחמירים פחות וברורים פחות, וצורות שונות של התנהגות מינית נעשות נפוצות. שכיחותן היום מלמדת בבירור שהקשר בין התכלית הביולוגית של יחסי המין ובין קיומם בפועל הולך ומתרופף. העכבות, האיסורים והגבולות האלה הולכים ונחלשים, והתשוקה המינית זכתה למעמד עצמאי לחלוטין; במקומות מסוימים היא אף נעשתה לכוח השולט בחברה. המיניות הפיזית – תענוג נטול תכלית – זוכה ליחסי ציבור טובים ומועלה על נס בתרבות הפופולרית.

אנחנו, בני האדם, יצורים פיקחים ומסוגלים לחשיבה מופשטת גם כאשר היא אינה הגיונית לגמרי. אנחנו יכולים לדמיין חומר בלי צורה וצורה בלי חומר. אולם העובדה שאנחנו יכולים לצייר דברים מעין אלה בדמיוננו אין פירושה שהם יכולים להתקיים באמת. מצד היותו של המעשה המיני פעילות פיזית, אפשר לעשותו עם כל אדם בכל צורה שהיא ובלי תוכן רגשי, ומשום כך אנחנו חושבים שיש ביכולתנו לנתק את הפעילות המינית מן הרגש, הן במחשבה הן במעשה. אנחנו חושבים שאנחנו יכולים לקיים יחסי מין בלי להרגיש רגשות, ולהרגיש רגשות בלי לקיים יחסי מין.

אולם נתק מוחלט מעין זה קיים להלכה בלבד. למעשה הקשר הרגשי, הדחף הפיזיולוגי והפעילות המינית קשורים זה בזה ומתלכדים לכדי שלם הגדול מסכום חלקיו. כאשר אנחנו קורעים אותם זה מזה כל אחד מהם הופך למפלצת חד־ממדית. המעשה המיני נטול ההקשר או המשמעות אינו אלא תהליך פיזיולוגי פשוט – מוגבל ומשעמם. בתחילת המאה העשרים אמרו האנשים המתקדמים ביותר שקיום יחסי מין כמוהו כשתיית כוס מים.[2] בסופו של דבר הם אכן הופכים משעממים כשתיית כוס מים. הגם שמבחינה פיזיולוגית התיאבון המיני שלנו יכול להוביל למעשים נטולי תכלית ביולוגית, אין בכך תועלת לאדם השלם, המורכב מרבדים רבים, הן רגשיים הן קוגניטיביים.

כאשר המיניות חורגת מן הגבולות ומהמסגרת של המשמעות הרגשית היא הורסת את עצמה – לא מהבחינה המוסרית אלא מהבחינה המעשית. ככל שבני אדם מצליחים יותר לבודד את גורם

2. ראו את הדיון בנושא זה בספרה של קלרה זטקין, **שיחות עם לנין**: Clara Zetkin, *Erinnerung an Lenin*, Verlag für Leteratur und Politik, Vienna, 1929.

ההנאה שביחסי מין, לנתקו ממערכת יחסים בעלת משמעות ולהפוך את התענוג המוגבל הזה לתכלית היחידה של יחסי המין – כך יחסי המין נעשים מהנים פחות ופחות. ככל שהמגע הרגשי פוחת, כך נעשים יחסי המין מרתקים וחשובים פחות. אומנם התגובה הפיזיולוגית מתרחשת, אבל הקסם פג ועימו גם ההנאה. למעשה, לעיתים תחושת סלידה כלפי יחסי מין מתעוררת באנשים. יחסי מין שאינם אלא פעילות גופנית המנותקת מעולם הרגש דומים מבחינה זו למדינה עצמאית קטנה בעולם השלישי: הם מקום דל ביותר.

המיניות היא עניין מסובך, והיא מורכבת מחלקים רבים הקשורים זה בזה. כל המרכיבים החיוניים האלה מצויים בתודעתנו במידה זו או אחרת. התרבות והסביבה מדגישות כמה מהם וגורמות לבני האדם להיות מודעים לנוכחותם, ואילו אחרים מורגשים רק במעומעם או נגנזים בלא־מודע. כמה מן הכוחות הקמאיים החזקים ביותר חבויים עמוק כל כך שאפשר לומר שהם חלק מהלא־מודע הקולקטיבי הארכיטיפי.

המרכיב הקמאי והחזק ביותר הוא הדחף למלא את הצו הביולוגי לפרות ולרבות – הדחף הקיים בכל בעלי החיים מן הפרימיטיביים ביותר ועד למורכבים ביותר, הדחף שבשלו פרחים פורחים ופטריות מפזרות נבגים. גם החיזור, כלומר ההקדמה הטקסית ליחסי המין, הוא התנהגות אוניברסלית שאינה נחלת המין האנושי בלבד; הוא התנהגות המשרתת צורך ביולוגי ומובנית בתוך הדחף המיני.

על גבי הדחפים הקמאיים הכלליים האלה מצוי רובד נוסף, גבוה יותר:[3] הצורך למצוא בן זוג ולפתח תחושת קרבה ואמון. הצורך דווקא בבן זוג שיש קשר רגשי איתו אינו רק רעיון רומנטי תלוי

3. "גבוה יותר" במובן זה שהוא מצוי אצל יצורים מורכבים יותר.

תרבות: מרכיב האהבה בקשר המיני הוא חלק מהותי בקשר. אומנם אם נדבר על קיומה של אהבה בין בעלי חיים או ציפורים נחטא בהאנשה,[4] אך עם זה יש בקרב בעלי החיים התנהגויות שאנחנו רואים בהן ביטויים לאהבה כאשר בני אדם עושים אותן.

הדחף ליצור קשר ולשמר אותו אינו נובע רק מהסביבה התרבותית שהאדם מתחנך בה. הוא חלק מהדחף בסיסי ביותר השוכן בחלק הפרימיטיבי ביותר של המוח, ואולי אפילו בדנ"א של התא החי. אין הוא מבנה נפרד הנכפה על כוחו של האינסטינקט ומכריע אותו, אלא הוא טבוע ביצר המיני עצמו. שאר המרכיבים – העונג וההנאה – אינם אלא דרכים נוספות למשוך ולחזק את הרבדים הראשוניים. כאשר אנחנו מנסים להדגיש את ההיבטים המשניים ולהשתיק את המניע הראשוני אנחנו נדונים מראש לכישלון. אפשר להמשיך במאמץ במשך זמן מה, אבל הוא מנוגד לכוחות האבולוציה.

העונג הגופני משמש תמריץ לבני האדם לעסוק בפעילות מינית, אך הוא אינו הכרחי, שכן כפי שאמרנו יש בעלי חיים המתרבים בלי כל מגע גופני. העונג אינו משרת מטרה ראשונית בתהליך הרבייה, אבל הוא מסייע ליצירת אינטימיות ואהבה, ותחושות אלה יוצרות את ההקשר שבו נעשית הפעילות המינית. בני אדם זקוקים לאינטימיות אוהבת זו כדי ליצוק משמעות ביחסי המין, כדי שלא יהיו תמונה שטוחה כי אם יצירה רב־ממדית.

אומנם אנחנו מסוגלים להפריד את המין מהרגש, אך לא זה ולא זה כשלעצמם אינם יכולים להיות חיים במלוא מובן המילה. כאשר אנחנו מבתרים את עצמנו לבתרים יחסי המין נעשים תענוג פיזיולוגי

4. אך ראו למשל את כתביו של האתולוג קונרד לורנץ. למשל: **טבעת המלך שלמה**, הקיבוץ המאוחד, תשי"ט-1958.

המורגש מקצות העצבים החוצה, חף מכל שיקול אחר. הניתוק הזה מחריב את השלמות הפנימית ואת המשמעות של המיניות. אין המדובר בעניין מוסרי או תאולוגי, אלא בעובדה ביולוגית שאינה קשורה למשפחה, למונוגמיה או לערכים כל עיקר. אומנם אנחנו מצטרפים זה לזה בזוגות, במשפחות, בקהילות ובחברות, אבל אהבה, משפחה ונאמנות אינן נובעות בהכרח מהקשר המיני. הטבע האנושי, המסורות התרבותיות והאמונות הדתיות שלנו הם המכתיבים כיצד אנחנו בונים ומפתחים את הקשרים האלה.

כמה ממפרשי התנ"ך[5] טוענים שחטאם של אדם וחוה היה ניתוק הקשר הטבעי בין המין לפרייה ורבייה. כפי שאמרנו, הניתוק הזה הופך את הדחף המיני לדבר מה זר ומוזר, ומשום כך תרבויות רבות קושרות בין המין לחטא.[6] למעשה, כאשר הרבדים העמוקים יותר של הקשר המיני נעלמים בעקבות תופעות תרבותיות מסוימות ורק המעשה הפיזי עצמו מוסיף להתקיים הוא חדל להיות מספק. זה המקור לצורך "להוסיף פלפל" לחיי המין. החטא והסטייה (על פי הגדרתם בכל חברה ספציפית) אולי יכולים להפיג את התפלות של יחסי המין במשך זמן מה, אך בטווח הארוך אין די בהם לפצות על המחסור במרכיבים עמוקים ומהותיים יותר. יחסי מין חד־ממדיים שבים ונעשים מה שהם באמת: פעילות פיזית ששכר מועט מאוד בצידה.

אדם הראשון וקזנובה מייצגים שני קצוות של קשת. לאדם יש אישה אחת ויחידה שהיא לו בת זוג, רעיה, חברה, "בשר מבשרי"[7] ואם כל ילדיו. לקזנובה אין רעיה, אך יש לו נשים רבות מספור;

5. למשל ר' עובדיה ספורנו.
6. ראו למשל משלי ט, יז, ודיון מפורט הרבה יותר בבבלי, סנהדרין עה ע"א.
7. בראשית ב, כג.

הוא רודף אחר הגיון, אחר השונה והמשונה, והוא נהנה מן המעשה המיני כתכלית בפני עצמה. שני הקצוות האלו קיימים בתוך כל אחד ואחד מאיתנו, ואנחנו שואפים למצוא את שביל הזהב העובר ביניהם; אנחנו מבקשים ליצור שילוב של השניים בהתנהגותנו שלנו ובמערכות היחסים שיש לנו. מלאכה זו אינה קלה או פשוטה, ודרכו של כל אדם לעשותה שונה מדרכו של חברו מאחר שתגובותיו של כל אדם שונות מתגובות חברו משום שהם אנשים שונים. יישוב החלקים הסותרים בתוכנו אנו, ובינינו לבין אחרים ואריגתם לכדי מארג בעל משמעות הם מלאכה קשה. שום קשר בין שני בני אדם אינו חף מחיכוכים ומלחצים. כך היה אפילו בגן עדן, כפי שאנחנו למדים מתיאור בעיותיהם של אדם וחוה בפרקים הראשונים בספר בראשית.

ואולם המסורת היהודית אינה רואה במיניות כשלעצמה דבר פסול. אדרבה, בהקשר הנכון וכאשר מקיימים אותם מתוך מודעות לתכליתם, יחסי המין הם מצוות עשה וכוח מחבר. שלא כאוכל וככסף, ההנאה מהמין כשלעצמה אינה קשורה לבעלות: היא נובעת מן הנתינה ומן הקשר עם אדם אחר, הן במישור הגופני הן מעבר לו. היא יכולה להיות לביטוי עז לאהבה, לנדיבות ולגמילות חסדים. התשוקה המינית, שהיא אולי התשוקה האנושית העזה ביותר, יכולה להיות ביטוי לקדושה.

האיחוד הגופני מגביר את האיחוד הרוחני בין שני בני אדם. יתר על כן: הקשר המיוחד שבין זכר ונקבה, שבו הנתינה והקבלה נמהלות זו בזו, נעשה דרך ללמוד ולחוות קשר רב־ממדי. הוא נעשה פרדיגמה מוחשית ולא מופשטת לעשיית מעשים טובים. גם הלימוד, התפילה והצדקה יכולים להיות מלווים בלהט ארוטי מסוים. לכן

ספרות הקבלה מתארת כל קשר עמוק בין ישויות רוחניות במילה "זיווג".

למרבה ההפתעה, נראה שהציפורים וחיות השדה יכולות ללמדנו שאיננו ביטויים של הגוף הפיזי שלנו ותו לא, ושלמיניות שלנו יכולה להיות תכלית ומטרה; שאנחנו מסוגלים לאהוב, לשתף, להתקשר ולהתקדש. אולי ההתבוננות בממלכת בעלי החיים תוכל לעזור לנו לחזור להיות אנושיים במלוא מובן המילה.

מוות

המוות מפחיד.

טיב הפחד ומידתו משתנים לפי הגיל והאופי ובעקבות מפגשים ישירים עם המוות, אבל רוב האנשים מפחדים מהמוות.

אנחנו מפחדים מהמוות משלוש סיבות. הסיבה הראשונה היא שהמוות הוא תהליך בלתי הפיך. יש משהו מפחיד מאוד במחשבה שאנחנו הולכים למקום שאי אפשר לחזור ממנו. הסיבה השנייה היא שאיננו יודעים עליו דבר. אנחנו מפחדים מכל מה שאיננו יודעים עליו כלום.

אולם שתי הסיבות האלה אין בהן כדי להסביר את הפחד שלנו מפני המוות. החיים מלאים בהתרחשויות בלתי הפיכות. אנחנו מזדקנים, ואף שיש אנשים המנסים להחזיר לאחור את מחוגי השעון ולהיראות צעירים בעשרים שנה מגילם האמיתי, הזמן בלתי הפיך. בחיי כל אישה ואיש מתרחשים שינויים בלתי הפיכים רבים. החיים עצמם הם אירוע בלתי הפיך. יתר על כן: המוות הוא חלק מהותי

ממהלך הקיום הנורמלי, ולפיכך ראוי היה לנו לראות בו אירוע אחד בתוך תהליך מתמשך ותו לא.

כמו כן יש לעמוד על כך שדברים רבים מאוד שאיננו יודעים עליהם דבר וחצי דבר אינם מפחידים אותנו כל כך אלא מעוררים מגוון רחב של רגשות: אי־נוחות, מתח, סקרנות, ציפייה שוקקת ואפילו תקווה. מנגד, על פי רוב המוות אינו מתקשר בתודעתנו לתקווה וגם לא לסקרנות או להתלהבות.

ההיבט השלישי ואולי המפחיד ביותר של המוות הוא יסוד החידלון. המוות אינו שינוי גרידא – חוויה חדשה או מעבר לשלב חדש – כי אם חידלון מוחלט של הקיום; האדם חדל להתקיים כאדם. הכול נעצר. הכול נעלם. איננו יכולים לצייר בדמיוננו את החידלון שבמוות, וקשה מאוד להשלים איתו. הקיום פירושו: "אני כאן, אני חי, אני יודע מה קורה לי". איננו מסוגלים לתפוס שכל זה ייפסק, שקיומנו – שהוא מרכז העולם בעיני כל אחד מאיתנו – לא יימשך עוד.

כמובן, עניין החידלון המוחלט נוגע רק לחלק אחד של קיומנו – לגוף. כולנו יודעים מה קורה לגוף אחרי המוות. אולם קיומנו אינו פוסק לחלוטין עם המוות; חלק אחר של הווייתנו, החלק הלא־גופני, מוסיף להתקיים. במוות כמו בחיים אנחנו יצורים מורכבים הבנויים משני חלקים נפרדים ולא־שווים. החלק האחד גלוי לעין ומתקיים ומתקשר בדרך אחת. החלק השני, הפנימי, הוא מבחינות רבות – אף שלא באופן בלעדי – החלק שאנחנו מכנים "העצמי". בזמן החיים העצמי הוא שילוב של גוף ונפש ואינו שוכן בנפש בלבד ואף לא בגוף בלבד. הממשק בין הגוף לנפש הוא היוצר את תחושת העצמי שלנו.

המוות הוא שינוי פתאומי וחד מאוד, שבו העצמי הזה, שנע

במהלך החיים בין הגוף לנפש ומצרפם זה לזה בקשר ייחודי, חדל מתנועתו הבלתי פוסקת. העצמי עובר למישור קיום אחר המנותק לחלוטין מהעולם הגשמי. מעבר זה הוא שמעורר בנו את אימת המוות משום שאין אנחנו מסוגלים להתמודד עם שינוי עצום שכזה.

בלוח מן התרבות המינואית, שהתקיימה בכרתים לפני כארבעת אלפים שנה, יש ציור. בצידו האחד של הלוח מצוירים אדם מהלך, אדם שוכב – ככל הנראה מת – ודמות קטנה הדומה לציפור המסמלת ככל הנראה את הנשמה. בצידו השני של הלוח מצוירים זחל, גולם ופרפר.

איננו יכולים לדעת מה הייתה משמעותו המקורית של הלוח, אך אני חושב שהוא מתאר את השינוי החד הזה בדיוק. מנקודת המבט של הזחל, ההתגלגלות לפרפר זהה למוות אצל בני האדם. הזחל אינו מסוגל לצייר בדמיונו חיים כפרפר. כאשר הזחל הופך לגולם הוא מת; במובן מסוים הוא חדל להתקיים כזחל. כאשר הוא בוקע מן הגולם הוא אותו הזחל עצמו, אך אין הוא כשהיה לפני כן. הוא שונה: חייו שונים בתכלית וקיומו שונה בתכלית. בעת ההימצאות באחד משלבי החיים האלה אי אפשר להבין את השלב האחר. לא די שהזחל אינו מסוגל לדמיין את החיים כפרפר, אלא גם הפרפר אינו יודע דבר על חייו כזחל, אף על פי שהוא בא מן הזחל.

הדימוי הזה – בין שהלוח המינואי התכוון לכך ובין שאין זו אלא פרשנות שלי – הוא תיאור גס של מה שקורה בשעת המוות. במותנו חדל להתקיים כל מה ששייך לקיומנו הקודם. אנחנו מופיעים מחדש בצורה שונה לחלוטין, צורה שאיננו מסוגלים להבין בעודנו חיים. אומנם יש לנו נשמה בעודנו חיים, אך אין היא אלא חלק מקיומנו, ולא תמיד היא החלק המודע ביותר של העצמי. אומנם הנשמה היא חלק חי וחושב, אבל כשהיא לעצמה היא אינה מחוננת

בהבנה העצמית שהייתה לה כשהייתה בתוך הגוף. בגלל החינוך שניתן לנו ואורח החיים שלנו, הרגשות שאנחנו חשים כלפי הנשמה אינם עזים כרגשות שאנחנו חשים כלפי הגוף.

בימינו אנשים פוחדים להתמודד עם המוות יותר מאי פעם. אף שהמוות נפוץ בטלוויזיה ובסרטים, אנשים אינם רוצים לחשוב עליו. מבחינות רבות החיים נעשו פיזיים הרבה יותר. מאחר שאפילו המחשבה על המעבָר לקיום בלתי פיזי מפחידה אותנו, אנחנו מנסים להרחיק את העניין ממחשבתנו בכל האמצעים העומדים לרשותנו. רתיעה זו היא גם אחת הסיבות לתחיית המנהג עתיק היומין לחנוט את המתים. בכמה בתי קברות מודרניים נראה כמעט שמתכננים לשלוח לקבר רהיטים, חיות מחמד ואולי אפילו את בני הזוג כדי שילוו את הנפטרים במותם. אף על פי שהאמונה בתועלת שיש במנהג פחתה בדרך הארוכה שעשה ממצרים ומשוּמֵר עד הלום, הרצון להיאחז בעולם החומר נותר בעינו.

בהיותנו בשלב הזחל (בדרך המשל) כל הידע שיש לנו על קיום לאחר המוות מתבסס בהכרח על תמונות, מטפורות, סמלים ודימויים השגויים ביסודם. היות שאנחנו רואים את העולם מבעד לפריזמה של קיומנו הגופני, אנחנו מתארים הן את החיים הן את המוות באמצעות דימויים חומריים, גופניים. אף שהדימויים האלה לעולם אינם נכונים או אמיתיים, הם מאפשרים לנו להתמודד במחשבתנו עם קיום מסוג שונה בתכלית. את רובם הגדול של הסמלים, בכל תרבות שהיא, אי אפשר להבין כפשוטם. אם אדם מאמין למשל שאחרי מותו יהיו לו כנפיים, אין הכוונה לכנפיים כמו הכנפיים שבעולם הזה.

הדימויים המשמשים אותנו לתיאור החיים שאחרי המוות אינם מתארים את המציאות כלל; אפשר להבין אותם אך ורק כמשלים המסמלים קיום שונה. איננו מסוגלים לתאר דבר מה השונה בתכלית

מן המוכר לנו – אין לנו המילים הנחוצות לשם כך. אנשים ששרדו מוות קליני אינם מסוגלים לספר מה קרה בדיוק, משום שהם נאלצים לתאר דבר שלא מן העולם הזה בדימויים הלקוחים מהחיים עלי אדמות. כל מה שיאמרו חסר פשר מבחינה מסוימת; בין חוויית ההתקרבות למוות ובין החיים פעורה תהום שאי אפשר לגשר עליה. הדימויים העומדים לרשותנו עוזרים לנו ליצור קשר רגשי עם המוות, אבל הם אינם אלא תגובות רגשיות הקשורות לגוף.

אף על פי שאיננו יכולים באמת לגשר על הפער שבין חיים בגוף ובין חיים ללא גוף, אפשר לפחות לאחוז באפס קצהו של המתרחש בעבר השני. לשם כך עלינו לנסות להתעלם ככל שנוכל מן הדימויים הציוריים ולהגיע לתפיסות מופשטות יותר. אומנם חשיבה זו היא הרחבה של חוויותינו בתוך הגוף, אך למרות זאת היא יכולה להתקרב יותר לאמת.

אף שחושי הגוף הם הכלי העיקרי שבאמצעותו חוויותינו מתרחשות בתוך הגוף, יש בחיי היום־יום שלנו כמות ניכרת של חוויות שאינן חושיות.[1] חוויות אלה הן דרכי תפיסה השייכות יותר לתחומה של הנשמה אף שהן עוברות במוח הגשמי. שתי החוויות שאינן חושיות השכיחות ביותר הן הזיכרון והדמיון. רוב בני האדם יכולים לזכור חוויות מן העבר בצורה חיה מאוד (בעיקר תמונות אבל גם צלילים, ואצל אנשים מסוימים – גם ריחות ותחושות). ולא די שאנחנו יכולים לזכור, אנחנו מסוגלים גם ליצור תמונות שלא ראינו באמת. כוחות הזיכרון והדמיון שונים מאדם לאדם, אבל אצל רבים

1. חוויות אלה אינן זהות לתפיסה על־חושית (ESP). התפיסה העל־חושית היא עניין נפרד שצריך לנפות בו הרבה מאוד שקרים וזיופים מן האמת, ונוסף על כך גם אין היא עניין אוניברסלי.

מבני האדם הם חזקים דיים לעורר תגובות פיזיות מובחנות, עזות לא פחות מן התגובות שחוויות חושיות ישירות גורמות.

גם החלומות שכיחים מאוד. בחלומותינו אנחנו עושים ורואים דברים שבזמן החלום נראים ממשיים כמו החיים האמיתיים. תאוריות פסיכולוגיות רבות – מפרויד ועד לביהביוריזם – מנסות להסביר מה מוביל להיווצרות החלומות, אבל אפילו נניח שהטריגר גופני לחלוטין, אין ספק שעלילת החלום אינה במישור הפיזי. אם כן, כולנו מרבים לחוות חיים לא־גופניים מסוג כלשהו, וניסיון זה יכול לסייע לנו להיטיב להבין כיצד ייתכן קיום לא־גופני לחלוטין.

הבה נעיין בכמה היבטים של תפיסת המוות ביהדות. ברגע המוות – בין שהפרֵדה מכאיבה ובין שהיא נחווית כרגע של שמחה גדולה, שחרור וחירות[2] – הנשמה נושאת עימה לקיום אחר את כל הדימויים הקשורים לחיים בתוך הגוף.[3] כל הדימויים ודרכי החשיבה שבנפש כרוכים בחיים בתוך גוף, בייחוד כשמדובר בחיים ארוכים – שבעים או שמונים שנה. אף על פי שאחרי המוות התפיסות ה"גופניות" האלה אינן נכונות עוד, יש תקופה מסוימת – קצרה או ארוכה – שהנשמה מתנהגת בה כאילו היא שוכנת עדיין בתוך גוף. עולם זה מכונה בלשוננו "עולם הדמיון".[4]

כל חוויותינו בחיים פנימיות. מנקודת מבט פילוסופית אין שום הוכחה אמיתית לקיומו של עולם חיצוני. לכן אחרי המוות

2. בבלי, ברכות ח ע"א; מועד קטן כח ע"א; כתובות עז ע"ב.
3. הצירוף "קיום אחר" נושא משמעות רק במובן בלתי פיזי לחלוטין. איננו יכולים לדבר על העולם הבא כעל עולם הנמצא בסמוך אלינו, למשל בסטרטוספרה או מתחת לקליפת כדור הארץ.
4. הלקט המקיף ביותר של מקורות יהודיים בנושא זה נמצא בספרו של הרב י"מ טוקצ'ינסקי, **גשר החיים**, כרך ב, פרק כז, ירושלים, תש"ך. אם יש אמת כלשהי בסיאנסים, מתברר שבאים בהם במגע עם נשמות שבמצב הביניים הזה.

האדם יכול להמשיך להתקיים כנשמה בעולם הדמיון, עולם דמיוני שהחיים מתנהלים בו כרגיל. הנשמה הולכת לעבודה, פוגשת חברים ומנהלת מצג שווא של קיום הממשיך את החיים העמוסים שחייתה בעבר: ישיבות עבודה, פגישות, צרות עם בן הזוג, בעיות עם הילדים, מכשיר שהתקלקל וכן הלאה – וכל אלה בתוך קיום בלתי גשמי הבנוי כולו מן הדימויים הקבועים בגוף, שכולם אינם אמיתיים עוד.

אפשר להדגים תחושה עזה זו של מציאות סובייקטיבית, דמיונית ולא־אמיתית בתכלית בעזרת תופעת כאב פנטום. לפעמים אדם חש גירוד או כאב באיבר שנקטע מגופו ואינו קיים עוד. הסיבה לכך היא שתמונת האיבר נשמרת בגוף, לעיתים במשך זמן מה ולעיתים כל החיים. אף שהאדם יודע וגם יכול לראות בעיניו שאותו איבר איננו, בתוכו פנימה אין הוא יכול להשתנות ואינו יכול להשלים עם המחשבה שהאיבר אינו קיים עוד. שינוי שכזה קשה עשרת מונים כאשר מדובר בקשר קרוב, עמוק ובסיסי הרבה יותר – הקשר לכל גופנו, לקיום הגופני.

אחרי המוות הנשמה נושאת תמונת פנטום של קיומה. נשמה שאינה מוכנה למוות ולמעבר לקיום אחר תישא את תמונת הפנטום הזאת במשך זמן רב בטרם תוכל להשתחרר ממנה. סיפורים רבים סופרו על אנשים הלכודים בעולם שכזה;[5] לעיתים הנשמה יודעת שמתה אך אינה מסוגלת לחלץ עצמה מלפיתתו של העולם הפנימי שהביאה איתה מן החיים עלי אדמות. יש שאדם אינו יודע שמת. המציאות הווירטואלית הנובעת מכך מגוחכת לעיתים ומפחידה לעיתים. אדם שהאושר העליון הצטייר בדמיונו כנהיגה בכרכרה

5. ראו למשל בספר **שבחי הבעש"ט** שנדפס בהדפסה הראשונה בקאפוסט בשנת תקע"ה (1815).

הרתומה לארבעה סוסים בדרך סלולה היטב ינהג את הסוסים בדרך הסלולה המתמשכת לעד בעולם הדמיון.

השלב הבא במסע הנשמה מכונה "כף הקלע".[6] במונחים הלקוחים מעולם החומר אפשר לומר ששלב זה דומה להיזרקות מקצה אחד של העולם אל קצהו האחר. אחת הדרכים להסביר את שלב כף הקלע היא לומר שבשלב הזה האדם רואה את מציאות חייו. בלי מגבלותיו של המוח הפיזי, המסתיר דברים רבים, הנשמה יכולה להיזכר בכל מאורעות חייה ולהבינם מנקודת המבט של קיום אחר בתכלית. בעודנו חיים אנחנו יכולים לזכור רק את מה שקרה בעבר. בכף הקלע חווים את החיים כפי שהיו באמת מנקודת המבט הייחודית שמאפשרת ידיעת מה שעתיד לקרות.[7]

ההימצאות בכף הקלע דומה לראיית החיים כסרט החוזר על עצמו בלולאה אין־סופית, המספר ושב ומספר את אותו הסיפור. בכל פעם דברים מסוימים מיטשטשים ואחרים מודגשים, וכך מתחדדת ומעמיקה הבנת הנשמה מה היה לה ומה חסר לה, מה היה חשוב ומה לא היה חשוב, מה היה נכון ומה היה שגוי. כעת הנשמה רואה את עצמה מנקודת מבט שונה לחלוטין, ועליה לבחון את עצמה לפי אמות מידה שונות לגמרי. גם אם ידעה על אמות המידה האלה בחייה עלי אדמות, הן ודאי נראו לה אז לא אמיתיות. אנשים רבים מחשיבים עשיית מעשה טוב או מעשה חמור מאוד הרבה פחות משהם מחשיבים ארוחה טובה או כאב בטן. כאשר גופנו ניטל מאיתנו ואנחנו רואים את חיינו כמכלול, דברים רבים שהיו חשובים

6. מקור המונח בספר שמואל ב כה, כט. ראו גם בבלי, שבת קנב ע"ב; זוהר חלק א, רי"ז ע"ב, ועוד.
7. עניין זה נידון חלקית **בספר העיקרים** לר' יוסף אלבו, חלק ד, פרק לג.

מאוד בעינינו בעת התרחשותם מתגלים כמגוחכים, חסרי חשיבות ונטולי משמעות.

דבר זה דומה במידת מה למחשבותיהם של מבוגרים על ילדותם. בבגרותנו אנחנו זוכרים את הילדים שהיינו מתוך הבנה בוגרת והסתכלות שונה. דברים שהעסיקו אותנו אז נראים בעינינו זוטות משעשעות, מגוחכות וחסרות חשיבות או אירועים מביכים ומבישים. בכף הקלע אנחנו רואים כל משגה ומשגה שעשינו, כל טעות, כל מעשה טיפשות. אנחנו מבינים כמה זמן, מרץ, להט וחיים הקדשנו לדברים שאחרי ככלות הכול אין להם ערך ממשי. ככל שאנחנו רואים יותר כך הולכת הבנתנו ומעמיקה, ועימה גם החרטה. אנחנו רואים את החיים מתוך הבנה שלמה של משמעותם, אך איננו יכולים לעשות דבר וחצי דבר בעניין. אז הנשמה מנסה לעשות דבר בלתי אפשרי: היא מנסה לשנות אירועים שאי אפשר לשנות או לכל הפחות לתקן אותם במידת מה בהתבוננות חוזרת ונשנית בהם.

הזִקנה, שבה הגוף נעשה דומיננטי הרבה פחות, משמשת אצל רבים מאיתנו הכנה חלקית לניתוק הגוף והנשמה. יש אנשים החשים בזקנתם שלווה ורוגע עמוקים, משום שהגוף ומאווייו נחלשים, והנשמה יכולה להאיר באין מפריע. מנגד, אנשים שתודעתם נשלטה תמיד בידי גופם בלבד חשים ייסורים בתקופת הזקנה, שכן תשוקותיהם נשארות בעינן, אבל הם אינם יכולים עוד לממשן. אולם מנקודת מבט תאולוגית הזקנה מרככת את מכת המוות.

בדומה לכך, שלב כף הקלע משמש הכנה לקראת השלב הבא. שלב זה, המכאיב מאוד, הוא תהליך חינוכה מחדש של הנשמה. אין לנשמה תיקון בלי הבנה. אדם חייב להבין שהוא חולה כדי להירפא. אם אדם מבקש להשלים ולשקם דבר, הוא חייב להבין היטב מה חסר, מה דורש תיקון.

התבוננות שכזו בחיים ככלל מפחידה, אבל היא חלק מתהליך השחרור, מניתוק הקשר בין שני השותפים והמעבר לקיום השונה. ראיית החיים מנקודת מבט שמחוץ לגוף מאפשרת לנו לראות את הגוף – שעד כה הזדהינו איתו כל כך וחשבנו שהוא השותף הבכיר בקשר בין הגוף לנשמה – כקוף עירום מגוחך מעט, כגוש חלבון ארבע־ממדי הנע במרחב.

כאשר איננו עוד בתוך הגוף אנחנו מתחילים להבין עד כמה היינו משועבדים לגוף שהיה שייך לנו. הדבר דומה למי שיש לו מכונית, וכל חייו כרוכים בה, כל סדר היום שלו סובב סביבה: הוא רוחץ אותה, ממלא דלק במכל, נוהג בה, מחנה אותה. הרי זה כאילו המכונית היא החיים, והבעלים אינו אלא הנהג בלבד. כאשר שינוי תודעה עצום זה מתחולל הנשמה מבינה שאינה משועבדת עוד לכלי הרכב הזה, ואז היא יכולה להמשיך בחייה ולנוע למחוזות אחרים בתכלית בלי הגוף.

השלב שאחרי השחרור הזה מכונה "גיהינום",[8] והוא המשכו של שלב ההבנה הראשון. הגיהינום מתואר בדרכים רבות בתרבויות העולם השונות. לעומת האחרים הקדישו היהודים מעט זמן למושג זה, אך בכל זאת הם פיתחו כמה דימויים של הגיהינום. במחשבת ישראל הגיהינום אינו עונש ביסודו של דבר אלא דומה יותר לתרפיה אינטנסיבית, אם נידרש למונחים מודרניים. מעת שאנחנו מיטיבים להבין את קיומנו מנקודת המבט השונה לחלוטין של הנשמה העומדת לבדה, מעת שאנחנו עומדים על חומרתן של כמה מחוויותינו בחיים,

8. ראו בספר **תורת האדם** לרמב"ן, בשער הגמול הדן בצדדים שונים של החיים שאחרי המוות.

זיכרונות העבר שעדיין דבקים בנו נעשים כואבים מְשאת, ואנחנו רוצים להיפטר מהם.

פְּרֵדה שנייה זו, ההתנערות מטעויות העבר, היא היא מה שאנחנו מכנים בשם "ייסורי גיהינום". העבירות שעברנו בחיינו אינן בגדר הפרת חוק הכתוב בספר ותו לא – הן גם מותירות חותם בנשמה. אדם שמתבונן כך בטעויות שעשה דומה למי שמתעורר בבוקר ומגלה שדברים איומים צמחו מתוך גופו: קוצים וקרניים ושאר גידולים מזוויעים. הוא ינסה נואשות להיפטר מהם, להסיר אותם, אבל מאמצים אלה אינם דומים לניתוח פלסטי: ההסרה יכולה להיעשות רק באמצעות הכאב שבהבנה. דבר זה כשלעצמו מסב ייסורים קשים. ככל שהעבירה חמורה יותר היא חקוקה עמוק יותר בנשמה, ולכן כאב ההיטהרות גדול יותר, והאדם מצוי במדור נמוך יותר בגיהינום.

אי אפשר למדוד את התהליך הזה ביחידות הזמן המשמשות בעולם החומר. לפי היהדות הגיהינום אינו נצחי.[9] משך הזמן הנחוץ לטהר כל נשמה ונשמה ולעשותה לישות שונה לחלוטין תלוי במידה רבה בחיי האדם.[10] אנשים שלא עשו בחייהם מעשים רעים רבים עושים תהליך קצר וקל, משום שהיו בנשמותיהם פגמים ועיוותים מכוערים מעטים בלבד. אחרים, שלא היו להם הזמן והיכולת להתחרט על מעשיהם ולחזור בהם בימי חייהם, עושים תהליך ממושך יותר, הדומה לתהליך יישורו של אדם שהיה עקום לחלוטין. רק אחרי שהאדם מטוהר אפשר לעבור לשלב הבא, שאותו אנחנו מכנים "גן עדן".

9. למעט כמה מקרים יוצאים מן הכלל. ראו בבלי, ראש השנה יז ע"א, בבא מציעא נח ע"ב, ובמקומות רבים נוספים.
10. בבלי, שבת לג ע"ב.

כמו הגיהינום, גם גן העדן אינו נידון רבות במחשבת ישראל, משום שהיהדות מדברת בעיקר על הכאן ועכשיו. גם במקרה זה הדימויים והמטפורות מתגלים כחסרי פשר משום שמדובר בנושאים שתודעתנו, הקשורה לחושים ולתפיסה החושית, אינה יכולה לתפוס. כשם שאדם שנולד עיוור אינו יכול להבין צבע מהו, אדם הכבול לחומר איננו יכול להבין קיום רוחני.[11] בין שאדם מדמה לעצמו שיהיו לו כנפיים ונבל או שיהיה מוקף בבוסתנים יפהפיים ובכרי דשא משובבי לב, לא די שכל הדברים האלה אינם יכולים להימצא בקיום נטול גוף אלא שהם גם מטעים את האנשים הנוטים להבין דברים כפשוטם. המסורת היהודית מדברת על "עולם" שונה, עולם שבו הנשמה נהנית מזיו השכינה. אנשים שחוו רגע של אושר עילאי, שחשו את החדווה הנשגבה שבהתוודעות לידע חדש או את העונג שמסב רגע של רוחניות עמוקה יכולים לפחות להבין שמץ מן העולם הזה.

לגוף יש סף נמוך למדי לכאב וגם לעונג. החיישנים בגופנו אינם מאפשרים לנו לשאת מידה רבה של שתי התחושות. בלעדי הגוף, בהיותנו טהורים וחופשיים לחלוטין, מוסרים הגבולות מן הכאב וגם מן העונג וההנאה. יתרה מזו: כשם שהמודעות לחטא מעמיקה בגיהינום, כך הבנת הטוב וההתענגות עליו מתעצמות בלי הרף בגן העדן. בניגוד לגיהינום, שהוא שלב מוגבל ומוגדר משום שמטרתו לתקן ולשפר את מה שקרה בפרק זמן מוגבל של חיים, תענוגות גן העדן אין־סופיים ונצחיים. על דרך המשל אפשר לומר שהאפס המוחלט קבוע, אולם אין גבול עליון למעלות החום. הנשמה המשוחררת והמטוהרת יכולה כעת לגעת באלוקות, שהיא האין־סוף

11. רמב"ם, הקדמה לפירוש לפרקי אבות.

המוחלט המכיל את כל הדברים כולם. כל עוד הנשמה קשורה לגוף, והגוף וצללי העולם הזה מגבילים אותה היא אינה יכולה להשיג את האלוקות, אבל בשלב אחר של הקיום, שלב שבו הגבולות האלה מוסרים, הנשמה יכולה להתעלות עוד ועוד, עד בלי די.[12]

* * *

מימרה המיוחסת לכמה וכמה חכמים יהודיים גורסת: "הירא מן החיים אינו ירא מן המוות".

12. בבלי, ברכות סד ע"א.

קנאה

הקנאה היא דחף בסיסי ונפוץ למדי, והיא מופיעה בגיל צעיר מאוד. אפילו ילדים קטנים מקנאים; כאשר ילד רואה דבר מה שהוא רוצה בידי אחר, הדחף הראשון שלו הוא לחטוף אותו מידיו. כמובן, הקנאה אינה נחלתה הבלעדית של הילדות: אנחנו מוסיפים להרגיש קנאה זמן רב אחרי תום הילדות, אולי עד יומנו האחרון. מושאי הקנאה שלנו משתנים עם התבגרותנו, אך רגש הקנאה נשאר בעינו. בבגרותנו איננו מקנאים בזולת בגלל צעצוע קטן שבידו, אבל אנחנו יכולים בהחלט לקנא באדם שחשבון הבנק שלו מרופד היטיב. האמת היא שהקנאה שכיחה עד כדי כך שלעיתים קרובות איננו משגיחים שאנחנו מרגישים אותה או איננו סבורים שיש בכך בעיה.

נראה שברובד הראשוני הקנאה נובעת מתחושת קיפוח: "למישהו יש דבר שאין לי, וגם אני רוצה אותו". ברוב המקרים הקנאה קשורה ליצר הרכושנות. נראה שראשיתה תמיד בתאווה למשהו לאו דווקא מפני שאנחנו רוצים את הדבר כשלעצמו אלא משום שהוא נמצא בידי הזולת. לא פעם הרכושנות הפשוטה

והילדותית הזאת אינה קשורה למושא הקנאה. לילד שנכנס לחנות צעצועים יש "עיניים גדולות" והוא רוצה את כל המשחקים שבחנות רק כי הם לפניו, כי הם בחנות ולא בהכרח משום שהוא מכיר כל צעצוע וצעצוע ורוצה אותו. לא פעם אנשים קונים למישהו – לילד או למבוגר – מתנה שביקש ואפילו דרש, ורואים אותה מונחת בצד מיד עם קבלתה. לא פעם המקבל אינו מביט שוב במתנה, משום שלא היה לו צורך אמיתי בה. הוא רצה את הדבר שביקש רק משום שידע שהוא ברשות אחר.

הקנאה חסרת אבחנה. כל דבר יכול להיות מושא קנאה: חפצים מועילים ונחוצים וגם דברים שאינם מועילים ואינם נחוצים. הקנאה אינה מתמקדת בחפץ עצמו. היא נובעת מהמחשבה שיש כבוד ומעמד בבעלות על דבר ששייך לאחר או שקבוצה מסוימת סבורה כי הוא מעיד על הצטיינות, על יופי או על השתייכות.

במקרים רבים אדם אינו מקנא באחר בגלל רכושו או תכונותיו משום שהוא רוצה אותם באמת אלא משום שהם קשורים למקום שהוא מעוניין לתפוס בחברה. בכמה תרבויות פרימיטיביות נשים עוקרות את שיניהן הקדמיות או עושות דברים אחרים המסבים להן כאב כדי להיחשב יפות. מעשים שכאלה נראים קיצוניים בעינינו, אבל אין צורך להרחיק לכת כדי לפגוש תופעות דומות. בכל מכון כושר אפשר לראות גברים ונשים הסובלים כדי להתאים עצמם לתפיסת החברה באשר למה שמקובל או יפה – גם כאשר המראה החדש אינו הולם אותם, גם כאשר אדם כחוש נראה כמו דחליל ולא כמו דוגמן. התוצאות האובייקטיביות של עינויי האימון הגופני אינן חשובות, משום שאנשים אינם מייחסים חשיבות לשאלה איך הם נראים באמת אלא ליכולת להשתלב בקבוצה מסוימת בחברה. אם האופנה מכתיבה שעליהם להיראות כך וכך, הם יתאמצו להיראות

כך כדי "להשתייך", גם אם בסתר ליבם אינם אוהבים את המראֶה החדש שאימצו.

הקנאה היא השאיפה שלא יישלל מאיתנו מה שיש לאנשים אחרים. יותר מכך: אנחנו רוצים שיהיו לנו הדברים שמעוררים קנאה באחרים.

לפעמים די שיש לנו מה שיש לאחרים כדי להשקיט את הקנאה. במקרה זה נסבול לכל היותר מחסרון כיס. לפעמים איננו רוצים מכונית גדולה ומפוארת יותר כי יש לנו צורך בה אלא מפני שלזולת יש מכונית כזו. הרצון – שלפעמים הופך לאובססיה – שיהיה לנו מה שיש לאנשים שסביבנו בא על סיפוקו במידה רבה כאשר קונים מכונית כמו שלהם או מכונית טובה ממנה.

אולם הקנאה עלולה לגבור, ועלולות להיות לה השלכות שליליות ומזיקות יותר. אם איני יכול להשיג את מושא הקנאה, אני עלול לרצות להביא לידי כך שהוא יאבד למי שכבר מחזיק בו ברשותו. ומה קורה כאשר מדובר בדבר שמטבע ברייתו אינו יכול להימצא בבעלות שני אנשים בעת ובעונה אחת? אז עלולה הקנאה להפוך מעינוי עצמי לניסיון להשיג את החפץ הנכסף. חטא הוא להתאוות לשורו, לביתו או לאשתו של אדם אחר, אבל חטא זה חמור פחות מנקיטת תכסיסים בפועל כדי להשיגם. בנקודה זו הקנאה נהיית חמדנות. הקנאה יכולה להיות פסיבית ושקטה, ואילו החמדנות היא קנאה שהבשילה מרצון בעלמא למעשה.

יתרה מזו: כאשר יש לאחר משהו שאיני יכול להשיג, הוא טוב ממני. כאשר אני שולל מן האחר את מה שברשותו אנחנו משתווים. אם איני יכול לשאת את העובדה שמישהו עולה עליי, ה"השתוות" הזאת היא מקור לסיפוק עמוק. אם איני יכול להעפיל לגובהו של הזולת, אתאים אותו לממדיי הפחותים.

אני יכול אפילו לקחת דבר ששייך למישהו אחר בלי לחרוג מגבולות החוק, אבל אין בכך כדי להכשיר את המעשה מבחינה מוסרית. מבחינה מסוימת לקיחת רכושו של אדם אחר באמצעות מנגנון חוקי נתעבת עוד יותר. בית משפט אינו יכול להעניש את הלוקח בשל מעשים שכאלה, ומאחר שמערכת החוק מגינה על עושה המעשה, גם מצפונו אינו נוקפו.[1]

הקנאה אינה רק רגש פרטי פנימי: היא יכולה גם לקבל צביון ציבורי ופוליטי. בכמה מקרים ערך ה"שוויון" – הכוח המניע של כמה וכמה תנועות פוליטיות – אינו אלא דרך אחת מני רבות להשקיט את רוח הקנאה: אם אין לי דבר כלשהו, מוטב שלא יהיה גם לאחרים. אי־שוויון קיים מטבע העולם, בין שהוא תולדה של תורשה, בין של עבודה קשה או של כישרון. עלינו להודות שלא הכול יכולים להתגורר בארמון ולא הכול יכולים לחיות את החיים שהם מציירים בחלומותיהם. בגלל הקנאה אנחנו מבקשים לבטל את כל ההבדלים, להרוס את כל הארמונות, להבטיח שהכול אומללים במידה שווה.

הקנאה יכולה להיות הרסנית. העובדה שלפלוני יש דבר מה שאני רוצה – חפץ, תכונה או קשר אישי – מכרסמת אותי מבפנים ואינה נותנת לי מנוח. כעבור זמן מה אני חדל לרצות בדבר שבגללו התעוררה קנאתי, וכל רצוני הוא שהדבר לא יהיה ברשות אדם אחר. אני רוצה בחורבן הזולת כדי לא לחוש עוד כאב. התשוקה להרס

1. בבבלי גיטין נח ע"א מסופר על אדם שהשתמש בכמה וכמה תחבולות חוקיות כדי לגזול מחברו את אשתו ואת רכושו. הוא נשא את האישה והעסיק את בעלה לשעבר למשרת. אף על פי שכל המעשים האלה נעשו בדרך חוקית לחלוטין, התלמוד אומר שהם הכריעו את הכף לרעה והביאו לחורבן בית המקדש וארץ ישראל ולגלות עם ישראל כולו.

האחר אינה קשורה למושא הקנאה כלל וכלל. בשלב הזה איני מוטרד עוד מהיעדר החפץ ברשותי אלא מקיומו של הזולת.

סיפור עתיק מספר על שני אנשים שאחד מהם קינא ברעהו. פעם ניתנה לאותו אדם הזדמנות לבקש מהמלך כל דבר שירצה, בתנאי שיריבו יקבל כמות כפולה ממה שיבקש. הקנאי מצא עצמו במצב קשה. אחרי מחשבה רבה ביקש שיעקרו אחת מעיניו. הוא חש סיפוק מן הידיעה שלחברו אין עיניים כלל.

מסופר שבגיהינום יושבים אנשים סביב לשולחן, ולכל אחד קערת מרק וכף ארוכה מכדי שיוכל להביא בעזרתה את המרק אל פיו. הם יוכלו לאכול אם כל אחד יאכיל את היושב מולו, אבל היות שהם בגיהינום, כולם מעדיפים לרעוב לנצח. וכולנו מכירים את משפט שלמה המפורסם:[2] שתי נשים שהתגוררו בבית אחד ילדו, ואחד התינוקות מת. שתי הנשים טענו שהן אימו של הילד החי. כדי לגלות את האמת הציע שלמה המלך לחתוך את התינוק לשניים. האם המתחזה קיבלה את גזר הדין בשמחה ואמרה: "גַּם לִי גַּם לָךְ לֹא יִהְיֶה, גְּזֹרוּ!".

הקנאה מלבה את עצמה והיא הולכת וגוברת עד אשר היא הופכת לרגש אחר: שנאה צרופה לאדם שמקנאים בו, שנאה שלא תבוא על סיפוקה עד אשר תביא לחורבנו המוחלט של אותו אדם. נאמר שאפשר לשכך כל שנאה להוציא שנאה הנובעת מקנאה.[3] האדם שמקנאים בו אינו יכול לפייס את המקנא, משום שככל שיהיה נחמד ונדיב יותר כך תגדל הקנאה. המקנא לא ישנא עוד את הזולת רק בשל עושרו או חוכמתו אלא גם משום שהוא אדם טוב יותר.

2. מלכים א ג, טז-כח.
3. מתוך **היום יום...**: לקט אמרותיו של הרבי השישי מלובביץ', ר' יוסף יצחק שניאורסון.

כמה מסכסוכי הירושה המכוערים ביותר נובעים מקנאה שהפכה לשנאה. לעיתים קרובות הם אינם נוגעים לעיזבון כלל וכלל. אף אם יש די והותר רכוש לכול, יש אנשים שפשוט אינם יכולים לשאת את המחשבה שמישהו אחר יקבל יותר מהם. סכסוכים שכאלה יכולים להימשך שנים – ובין עמים אפילו מאות שנים – ועלולים שלא להסתיים לעולם. הסכסוכים האלה אינם נוגעים באמת לרכוש חומרי אלא מונעים מכוח רוח הקנאה הצרופה הגדלה ומאכלת הכול והופכת לישות רבת־עוצמה. יש שמסע נקמה שכזה, הציפייה למפלת הצד האחר, נעשה כל עולמו של האדם עד כדי כך שאם יצליח במשימה שהציב לעצמו ייעשו חייו חסרי משמעות.

אם כן, בין שהקנאה מביאה להשגת הדבר הנכסף ובין שלא, היא מזיקה לכל המעורבים בדבר, ובכלל זה גם למקנא. האדם המקנא אינו מסכן אחרים בהכרח; לא הכול מסוגלים להפוך מחשבה ורצון למעשה או לגרום נזק של ממש. ייתכן שהחוק או כללי המוסר מרסנים את המקנא, ויהיו מחשבותיו אפלות ככל שיהיו. אך גם אם הקנאה אינה מובילה למעשה, תמיד היא הורסת את האדם שבקרבו היא מקננת.

הקנאה נחשבת בדרך כלל לרגש שלילי בתכלית, אך כמו דברים רבים אחרים יש לה גם צדדים אחרים. הקנאה יוצרת תעשיות גדולות; למעשה, התעשיות שמקורן בקנאה גדולות לא פחות מהתעשיות הבאות לענות על צרכים ממשיים ואולי אף גדולות מהן. שתי דוגמאות מובהקות לכך הן תעשיית המכוניות ותעשיית האופנה. ככל שמדינה מפותחת יותר היא מקדישה משאבים רבים יותר לתעשיות הקנאה. היא מגייסת את כל האמצעים העומדים לרשותה ליצירת צרכים חדשים – באמצעות פרסומת ישירה ועקיפה, תעמולה וכיוצא באלה – ואז מייצרת דברים האמורים לספק את הצרכים שזה עתה נוצרו.

אף שלעיתים קרובות הקנאה הרסנית ומכוערת, יש בכוחה להביא לעשיית דברים גדולים ויפים. הרמב"ם כותב שלולא היו בעולם אנשים משוגעים ומלאי קנאה, לא היה העולם נבנה.[4] הוא כותב שבני האדם מכלים את ימיהם בעבודה קשה ואף מסכנים את חייהם כדי לבנות למשל טירות מרהיבות עין שיעמדו מאות שנים, אף שהם עצמם ייהנו מהן רק זמן קצר מאוד.

הקנאה גם קשורה קשר הדוק ליצר התחרות, יצר שלעיתים חזק מן הרצון להשיג את הדבר עצמו. כאשר אנשים מתחרים עם זולתם הישגיהם טובים משהיו אילו עשו את אותם הדברים לבדם. התחרות מולידה את הדחף לגבור על אחרים, להצליח יותר, להיות מתוחכמים יותר, עשירים יותר וחזקים יותר. הדחף הזה מוכר וידוע ומנצלים אותו – לפעמים בדרכים רשמיות וחוקיות ולעיתים בדרכים לא־רשמיות ובלתי חוקיות – בספורט התחרותי: לא פעם ראובן רץ משום שגם שמעון רץ. התשוקה לנצח חזקה אף מן הרצון להשיג להישגים. היא כוח מניע כמעט בלתי מודע רב־עוצמה מאוד.

התחרותיות קיימת גם בקרב בעלי החיים. גם חתלתולים מתגוששים כדי להוכיח את עליונותם על אחיהם. אפילו איתני הטבע – האש והמים, השמיים והארץ – יכולים להצטייר כנתונים בתחרות זה עם זה מתוך קנאה.[5] ומן הידוע לנו על המלאכים נראה כי גם ביניהם יש תחרות וקנאה.[6]

אי אפשר ואף אסור להתעלם מן הקנאה, אך אפשר לנצל אותה למטרות טובות. חז"ל אומרים כי כל סוגי הקנאה שליליים, להוציא

4. בהקדמה לפירושו לפרקי אבות.
5. ראו **תיקוני זוהר** יט ע"ב.
6. בראשית רבה יב, ח; ויקרא רבה ט, ט.

קנאת סופרים.[7] קנאה שכזו דוחקת באדם להשתפר. התחרותיות האופיינית לספורט או לשאיפה לקניין חומרי יכולה להימצא גם ביחסנו לדברים לא־חומריים כגון חוכמה, ידע ואפילו קדושה.

אף שהרעיון נשמע מוזר, קנאתו של אדם בעליונותו הרוחנית של הזולת והשאיפה לא רק לחקותו אלא גם להתעלות עליו יכולות להיות כוח יצירתי המעודד התפתחות. אוניברסיטאות, צוותי חשיבה וכנסים המפגישים בין מלומדים מנצלים את המנגנון הפנימי הזה כדי לעודד צמיחה אינטלקטואלית. גם חלק לא מבוטל ממעשי הנדבנות והחסד נובעים מתחרותיות ומקנאה. תחרות מסוג זה יכולה להביא למידה מסוימת של גדולה. כמובן, מעורב בדבר קורטוב ולעיתים אף יותר מקורטוב של אגו אבל בסך הכול התוצאה חיובית.

בספר משלי נאמר: "אַל יְקַנֵּא לִבְּךָ בַּחַטָּאִים כִּי אִם בְּיִרְאַת ה'".[8] נראה שמלידתנו אנחנו נושאים עימנו מכל גדול מלא רצונות ותשוקות. איננו יכולים להיפטר ממנו, ואף אין הכרח לעשות כן. הקושי שאיתו אנחנו נדרשים להתמודד והמשימה המוטלת עלינו הם לקבוע מה עלינו לעשות ברגשותינו ובתכונות האופי שלנו. רגשותינו יכולים להיות אבני הבניין שמהן נקים את אישיותנו הרוחנית או גורמים מזיקים ומשבשים שיביאו לחורבננו ולחורבן אחרים גם יחד. ייתכן שאנחנו קנאים מטבענו, אך חופש הבחירה נתון בידינו ואנחנו יכולים לבחור במי לקנא. אנחנו יכולים לקנא באדם רשע ולרצות להתעלות עליו ברשעותנו או לשאוף להידמות לאנשים טובים מאיתנו: אנשים נחמדים יותר ונדיבים יותר העושים יותר מעשי חסד. אם אלה האנשים שאני שואף להתעלות עליהם, אני מתפתח.

7. בבלי, בבא בתרא כב ע"ב.
8. משלי כג, יז.

למרבה הצער, רוב בני האדם מַפנים את קנאתם לעניינים שפלים ולא לתכליות נעלות. אנשים נוטים לקנא במי שרכושו החומרי רב משלהם, ולעומת זאת להרגיש זחוחים מאוד בשעה שהם משווים את עצמם למי שנחותים מהם או שאתרע מזלם מבחינה רוחנית. הם חושבים: ״איני פושע כמו פלוני, משמע אני אדם טוב למדי״. אז הם מענים את עצמם במחשבה: ״אם אני אדם טוב כל כך, מדוע המכונית של אלמוני גדולה משלי?״ תחת זאת ראוי להשוות את עצמנו למי שעני מאיתנו בעולם החומר אבל עשיר מאיתנו בתחום הרוח. לא זו אף זו, כשם שגאוותו של אדם יכולה לא להניח לו לחטוא, ביכולתנו להחליט לא לאפשר לקנאה מן הסוג הפסול למשול בנו. אנו יכולים להחליט שרגש נחות שכזה אינו הולם אותנו, שהוא מתחת לכבודנו.

אין מדובר רק בהבדל שבין החומר לרוח, בין הנאצל לשפל. קנאה בטוב שבזולת אינה מובילה לרצון לגזול אותו ממנו.[9] אף שהאגו הוא הכוח המניע קנאה מסוג זה, האגו הזה מעודן. אומנם יש מקום להטיל ספק בטוהר ובאצילות של השאיפה הזאת, אבל כאשר הקנאה דוחפת אותנו לשפר את הישגינו או להיעשות טובים יותר התשוקה הנמוכה הזו נעשית כוח מניע שיכול לסייע לתיקון העולם.[10]

9. הרע עלול לחדור גם לכאן. קנאה בלמדנות ואפילו בקדושה של הזולת עלולה להפוך לרצון להשיג מעמד חברתי גבוה יותר באמצעות המעטת ערכו של האדם הנעלה מאיתנו כדי שאחרים יחשבו שאנחנו טובים או חכמים ממנו. ראו למשל **משנה תורה** לרמב״ם, ספר המדע, הלכות דעות ו, ד.

10. היפוכה של הקנאה הוא שביעות הרצון. בפרקי אבות ד, א חז״ל משבחים את ״השמח בחלקו״. ואולם השמחה בחלקנו עלולה להיות חרף פיפיות. אומנם השמח בחלקו לא ירגיש שום משיכה אל הרע, אבל הוא עלול לקפוא על שמריו משום שלא יהיה לו כל דחף ליצור.

נסיים בסיפור אמיתי על קנאה חיובית. האדמו"ר הגדול ר' יעקב יצחק רבינוביץ', המוכר בכינוי "היהודי הקדוש", אמר פעם שהוא חייב את הישגיו הגדולים לנַפָּח אחד. בצעירותו התגורר ליד נפח חרוץ שהיה מתחיל את מלאכת יומו בשעת בוקר מוקדמת מאוד. כאשר היהודי הקדוש שמע אותו עובד, היה אומר לעצמו: "הנפח הזה עובד בשביל כסף בלבד; ואילו אני לומד תורה, דבר נשגב וחשוב בהרבה. אם הוא יכול למחול על שנתו ולקום לעבודה בשעה מוקדמת כל כך, האם ייתכן שאני איני יכול לקום בשעה כזאת גם כן?" והוא החל לקום ללימודיו מוקדם יותר. הנפח שמע את היהודי הקדוש לומד תורה בקול וחשב לעצמו: "אני עובד לפרנסתי, ואילו הצעיר הזה אינו מרוויח דבר מלימודיו. אם הוא יכול לקום מוקדם כל כך, אני יכול לקום מוקדם יותר". וכך עשה. אז החל היהודי הקדוש לקום מוקדם עוד יותר, וכך התחרו זה בזה לא מעט זמן. היהודי הקדוש אמר שהגיע לגדולה בזכות הזמן הרב שהקדיש ללימודיו בעקבות התחרות עם הנפח.

בתחרות הזאת הן היהודי הקדוש הן הנפח לא הפסידו דבר. אדרבה, שניהם הפיקו ממנה תועלת. הם השתמשו ברוח הקנאה כדי למצוא דבר משותף – ניצול הזמן – והתחרו בניצול הזמן לעשיית מה שרצו לעשות. הקנאה יצרה רוח תחרות, רצון לנצח, דחף לגבור על הזולת, והיא דרבנה שני אנשים ממעמדות שונים להשתפר בתחומים שונים, איש איש בדרכו.

מסכות

מקדמת דנא השתמשו שחקנים במסכות – מסכת הקומדיה ומסכת הטרגדיה – אך המסכות שאנחנו עוטים בחיי היום־יום נפוצות הרבה יותר. המסכות האלה מסמלות את התפקידים שאנחנו ממלאים במחזה החיים. אומנם התפקידים משתנים – אנחנו משחקים תפקיד אחד בזמן מסוים ותפקיד אחר בזמן אחר – אבל אנחנו עוטים מסכות כמעט תמיד. אנחנו, בני האדם, לעולם איננו עירומים לחלוטין.[1]

המסכות שלנו הולכות ומשתנות בעת התפתחותנו ובעוברנו בשלבי החיים. בבגרותנו אנחנו עוטים מסכות של אנשי מקצוע בעבודה, ואילו בבית יש לנו מסכה של הורה או של בן זוג. יש מסכות הכוללות לבוש שונה לחלוטין. למעשה, כמעט כל תלבושת היא מסכה ומעידה על תפקיד כלשהו. אני אישה צעירה; אני אדם רציני; אני יוצא למסע עסקים, למסע ציד, לטיול רגלי נינוח. תמיד

1. ראו את ספרו הנפלא של יוהאן הויזינגה על המשחק, **האדם המשחק**, מוסד ביאליק, תשכ"ו. ספר זה, שאינו קל לקריאה, עוסק ברעיון תרבותי חשוב מאוד.

אני מתלבש לפי הנסיבות. לבושי מצהיר מי אני: עכשיו אני אשת עסקים, עכשיו אני עורך דין. החייל, השוטר, איש העסקים ומנקה הרחובות – כולם מתלבשים על פי תפקידיהם.

איננו מחליפים מסכות רק לפי הפעילויות שאנחנו עושים בחיי היום־יום, אלא גם לפי האנשים שאנחנו פוגשים. יש לנו מסכות רבות, ואנחנו מסוגלים להחליפן במהירות מרשימה. בכל פעם שאנחנו עוברים מתפקיד לתפקיד ביודעין ובלא יודעין אנחנו מחליפים מסכות. כשאני במחיצת חבר אחד אני אדם מסוים, אני עוטה מסכה מסוימת; במפגש עם אדם אחר אני עוטה מסכה אחרת. יש אנשים שעושים את השינוי הזה בקלות רבה. אולי פגשתם אנשים – במסיבות למשל – המחליפים מסכות במהירות הבזק. אדם כזה יכול להתנהג בדרך מסוימת, ואז לפנות הצידה ולפתוח בשיחה עם אדם אחר – ומיד להתחיל לשחק תפקיד שונה לגמרי. ההתבוננות באדם כזה כאשר הוא בתוך קבוצת אנשים מגוונת דומה לצפייה בשחקן טוב המחליף תפקידים בשניות. נוסף על כך, בזמנים שונים לאנשים תגובות אחרות לאותו אדם עצמו. אם מתבוננים היטב אפשר לראות שאנשים לובשים ופושטים מסכות בקצב מסחרר כשהם מצויים בחברת אחרים. לפעמים ההבדלים בין מסכה למסכה מזעריים, ויש שהמעבר ביניהן חד, ברור וחריף: הינה האדם הרציני והינה הליצן, האוהב, הציניקן, המעריץ הנלהב.

יש מסכות שאנחנו עוטים במודע: אנחנו מחייכים במסיבות ועוטים ארשת פנים נוגה בלוויות, צוחקים למשמע בדיחות לא־מצחיקות ומעמידים פנים שאנחנו מקשיבים רוב קשב אף שמחשבותינו מפליגות למחוזות רחוקים. כמובן, חלק מהבעות הפנים שלנו ספונטניות ולא־מודעות; לפעמים אנחנו מחייכים משום שאנחנו שמחים באמת ובתמים או בוכים מפני שאנחנו עצובים. למרות זאת, רבות מהבעות הפנים והתנועות הלא־רצוניות שאנחנו

עושים אינן אינסטינקטיביות או מולדות אלא נרכשות בדרך של חיקוי (אומנם בגיל צעיר מאוד). כמה מדרכי ההבעה הבסיסיות ביותר, כגון הנדת הראש לחיוב, אינן אוניברסליות אלא מוסכמות המקובלות בחברה מסוימת. מדהים לראות כמה עצום אוסף המסכות שיש לרוב בני האדם – אולי שלושים או ארבעים אלף!

השימוש במסכות מוטבע בנו מרגע היוולדנו. עוד בינקות, זמן רב לפני שילדים לומדים לדבר, הם אינם בוכים רק בגלל כאב אלא גם כדי לזכות בתשומת לב, הם מחייכים כדי לשאת חן, ובאופן כללי – הם עושים הצגות. מילדות מלמדים אותנו לדבר בנימוס לאנשים מסוימים, משום שהנימוס הוא חלק בלתי נפרד מהקשר בין אנשים. אנחנו מתנהגים בנימוס בגלל לחצים חברתיים. איננו רשאים להרביץ לכל מי שאינו מוצא חן בעינינו, כשם שאיננו יכולים להביע את אהבתנו לפני כל מי שאנחנו אוהבים – וגם מגבלות אלה נובעות ממוסכמות החברה. ונוסף על מסכת הקומדיה ומסכת הטרגדיה, לעיתים אנחנו עוטים את מסכת השעמום או האדישות. השמירה על "פאסון" המקובלת בחברה מסוימת היא מסכה לא פחות מהצחקוקים המקובלים בחברה אחרת.

אנחנו רגילים ללבוש תחפושת בחברת אחרים; איננו לובשים רק בגדים אלא גם נימוסים והליכות. תחפושת הנימוס מכתיבה את הפנייה לזולת: "סליחה, אדוני"; "מה שלומך?"; "בבקשה"; "תודה"; "יום נעים" – כל האמירות האלה הן מלבושי נימוסין. קידת הברכה הרשמית והמדוקדקת המקובלת בחברה היפנית היא דרך אחת להשתייך לחברה, ואילו בחברה אחרת טפיחות על השכם ובדיחות גסות משרתות את אותה המטרה.

לא תמיד אנחנו מודעים לכך, אבל חלקים אחרים בחברה מפעילים עלינו לחץ להעמיד פנים שאנחנו אנשים רעים הרבה

יותר משאנחנו באמת. לפעמים אנחנו חייבים לאמץ חזות או מסכה דמונית כדי להתקבל בחברות מסוימות. אנשים חייבים להיות קשוחים, יהירים ואכזריים כדי להיות מקובלים בחברות מסוימות המעוצבות בתבנית חברת הלוחמים, ואילו החברה המתוחכמת תובעת מאיתנו להיות שנונים, ערמומיים וביקורתיים.[2]

עטיית מסכה אינה משמשת רק לשם השתלבות בחברה הרחבה, אלא היא כלי שמשתמשים בו בקשרים קרובים ואפילו אינטימיים. לפני שנים רבות פנתה אליי אישה צעירה ערב חתונתה ושאלה אותי שאלה מעשית הנוגעת לנישואין. אומנם אותה צעירה חזרה בתשובה זמן לא רב לפני כן, אך ברגשותיה ובתפיסת עולמה הייתה בת לשנות השישים. איכשהו פיתחנו שיחה ממושכת על החיים ועל תמונת חיי הנישואין המצטיירת בדמיונה. משום שהשתייכה לתנועת ילדי הפרחים היא שיוותה לנגד עיניה חיים אידאליים המבוססים על כנות ופתיחות מוחלטות. אמרתי לה – אף שאולי נראה שלא ראוי שרב יְיַעֵץ כך[3] – שחיי הנישואים שונים מנתינת עדות בבית המשפט: איננו נשבעים לומר את האמת, את כל האמת ורק את האמת. אין שום צורך לחשוף את כל ניסיון העבר; אפשר לדלג על כמה דברים. כחצי שנה לאחר מכן פגשתי את בעלה, והיה ברור שהיא לא שמעה לעצתי. ניכר בעליל שהוא סבל מכך. לא די שהיא אמרה לו בכנות גמורה מה היא חושבת עליו בכל רגע נתון, אלא היא גם סיפרה לו הכול על עברה. ידיעת כל האמת הזאת הייתה למעלה מכוחו של הבעל הצעיר.

2. דוגמה לכך היא המחזה מאת ריצ׳רד ברינסלי שרידן, **בית ספר לשערוריות**, 1780; ותופעה דומה אפשר לראות היום גם ברבים מכתבי העת לספרות ולאומנות.

3. אף שלאמיתו של דבר רב אכן השיא עצה ממין זה. ראו בבלי, יבמות סה ע״ב.

כוחה החיובי של המסכה הוא שלפעמים היא מגינה עלינו ובמקרים אחרים היא מגינה על הזולת. אנחנו חייבים לעטות מסכות כדי לקיים חיי חברה תקינים ולהיות אנשים אכפתיים ולא לפגוע באחרים. דיבור קצר רוח, קשה וחשוף יכול להרוג אדם, ומנגד אפשר לחוס עליו ולומר את אותו המידע בצורה שונה, לעטוף אותו בעטיפות שעושות אותו נסבל.

המסכות שלנו ממלאות תפקידים רבים ושונים, והסרתן עלולה להיות מסוכנת. אנחנו עוטים מסכות כדי להגן על עצמנו. לפעמים המסכה היא בגד, לפעמים היא מגן ולפעמים אנחנו מגינים על עצמנו בשריון ברזל עבה. ברור שאדם המתגורר ליד חוג הקוטב חייב ללבוש בגדים כדי לשרוד. ההתלבשות, ההתכסות, היא צורך קיומי פשוט. היום אנחנו יודעים שהתפשטות ברחוב ובחוף הים מסוכנת לא פחות מעירום בקוטב הצפוני. אנחנו חייבים להגן על גופנו מנזקי חום קיצוני או מחשיפה מרובה לקרינת השמש כשם שעלינו להגן עליו מפני קור קיצוני. ההתערטלות הגופנית והנפשית קשורות זו בזו. לבישת מסכה, מלבוש, כיסוי – הן על גופנו הן על נפשנו – עדיפה לעיתים מחשיפה מוחלטת, משום שהם מספקים לנו הגנה. אין כאן שקר אלא מגן. ההתכסות היא אחד הדברים שאנחנו חייבים לעשות כדי לשרוד.

אף שרוב הזמן כולנו עוטים מסכות, אנחנו יודעים שאין הן אלא מסכות ושבמובן מסוים הן אינן אמיתיות. האם עטיית מסכה היא בגדר רמאות מכוונת? מה הקשר בין האדם ובין המסכה? המונח "מסכה" מלמד שהאינטראקציה ביניהם אינה פשוטה. המסכה מגלה ומכסה בעת ובעונה אחת. במובן מסוים, כל מילה היא מסכה לרעיון כלשהו – היא מגלה ומסתירה אותו בו בזמן. הקשר בין העצמי העירום – אם הוא קיים – ובין המסכות המכסות אותו תמיד מורכב ומסובך.

עצם המודעות למסכות היא חלק ממהותנו. איננו יצורים נטולי בינה: אנחנו מודעים לעצמנו, ואנחנו מחליטים החלטות בדבר המסכות שאנחנו עוטים. אולם ההחלטות האלה משקפות את מה שבתוכנו. יש אנשים הנוהגים בצביעות או מרמים ואינם מודעים לכך, אך גם כאשר אנשים נוהגים בצביעות ביודעין ובכוונה תחילה ואין כל ספק בכך, העמדת הפנים לעולם אינה מושלמת. בין שאדם עוטה מסכה ביודעין בין שהוא עוטה אותה בלא יודעין, בטעות או מרצון, במובן מסוים המסכה לעולם אינה זרה לו לחלוטין. אנחנו עוטים מסכה כאילו היא חיצונית לנו, אבל היא באה מתוכנו, אפילו כשאנחנו סבורים שאנחנו מחקים מישהו אחר. ההחלטות שאנחנו מחליטים בכל הנוגע להופעתנו חשובות לא פחות ממי שאנחנו בלי שום העמדת פנים, אם מציאות כזאת אפשרית בכלל. גם אם אנחנו חושבים שבחירת המסכות מתוכננת לחלוטין, תמיד היא משקפת אמת כלשהי על האדם שמאחורי המסכה.

מאחר שהמסכות שלנו הן פרי תהליך מתמשך של שינוי – בעקבות הגיל, הזמן והחברה – אין לנו מסכות חיצוניות קבועות. המסכות שלנו צומחות מתוכנו כמו קונכיית הצדפה. היכן הגבול בין הקונכייה ליצור? האם שריון הצב הוא ביתו? האם הוא אמצעי הגנה? האם הוא מסכה? האם אפשר לדמיין צב בלי שריון? השריון הוא חלק מן הצב. מובן שיש הבדל: אף שהצב יוצר את שריונו, הוא אינו יכול לשנותו כרצונו. בני האדם מורכבים הרבה יותר, ולכן אנחנו יכולים להחליף מסכות ואומנם אנחנו עושים זאת. אולם בכל צורה, בכל שינוי, אנחנו יוצרים משהו שמקורו בתוכנו פנימה. כאשר אנחנו יוצרים מסכה, גם המסכה יוצרת את האדם שמאחוריה. יש יצירות ספרות המספרות שאדם המסתתר מאחורי מסכה זמן ממושך מגלה כאשר הוא מסיר אותה שפניו דומים

למסכה,[4] גם אם הוא אינו רוצה בה עוד. המסכות שלנו אינן פשוט קליפות חיצוניות ותו לא, אלא דבר שגדל מתוכנו ומעצב אותנו בעת ובעונה אחת. אנחנו יוצרים – ונוצָרים.

אפשר להחליף מסכות, אבל האם אפשר להסיר את המסכות לחלוטין? אנחנו מסוגלים להחליף מסכות, ולפיכך יש בהכרח עצמי המסוגל להסיר מסכה אחת ולעטות אחרת. אבל האם ה"עצמי" הזה יכול להיות עירום לחלוטין, להיות רק הוא עצמו? לעיתים ההתפשטות הזאת אינה אלא לבישת צורה אחרת, מלבוש אחר, מסכה שונה. אפשר לחשוב שהעצמי האמיתי של אדם נראה ביתר בהירות בחדר השינה ולא בחדר הישיבות, אבל המחשבה הזאת קורסת כאשר מתבוננים נכוחה במה שאנשים עושים. אנשים מציגים הצגות תמיד. הם אינם מציגים רק בהימצאם בתוך קבוצת אנשים לבושים היטב: הם יכולים להציג גם בהיותם עירומים במיטה, אף שבמקרה זה ההצגה שונה מאוד. המסכות שונות, ועדיין הן מסכות. אני יכול להחליט: "מעכשיו אינני עוד לורד פונטלרוי הקטן, אלא טרזן מלך הג'ונגל", אבל האומנם ההבדל בין השניים גדול מאוד? תהא המסכה אשר תהא, אין היא אלא מסכה. רעיון היסוד – משחקי תפקידים – לא השתנה. האמת היא שככל הנראה לעולם איננו מצליחים להיפטר לחלוטין מן המסכות.

בתרבויות רבות יש פחד עצום מההתערטלות הגופנית, אבל בכל התרבויות יש פחד עמוק בהרבה מפני ההתערטלות הנפשית. אנחנו מרגישים שיש בתוכנו דברים מכוערים רבים; מקצתם מרושעים ומפחידים, מקצתם נקודות תורפה או דברים מגוחכים ומטופשים.

4. ראו למשל את הסיפור "הצבוע המאושר" מאת הסופר הבריטי מקס בירבום. ראו: *The Happy Hypocrite*, Green Tiger Press, 1985.

ולכן אנחנו ממשיכים לשחק תפקיד, בגלל הפחד להשיל מעלינו את התפקיד ולחשוף את מה שבפנים. החיים, ההתפתחות והלימוד מוסיפים רבדים על קיומו הטבעי של האדם. הרבדים האלה בנויים כמו קונכיית הצדפה או קליפות הבצל. מהו הבצל האמיתי? אם נקלף אותו, שכבה אחר שכבה, מה יישאר בסוף? אולי כל קיומנו דומה לבצל – שכבות רבות זו בתוך זו. אולי אימת ההתפשטות היא הפחד שכמו בבצל, אין כלום מתחת לכל הקליפות.

אולם למרות כל זאת אנחנו גם רוצים להתפשט. הלוחם השב לביתו משתוקק להסיר מעליו את השריון, ואיש העסקים – את החליפה והעניבה. בדומה לכך, "לבישת" שכבות רבות של נימוסים ומהוגנות יכולה לייגע, ואנחנו מבקשים לחשוף את החלקים שמתחת לשכבות החיצוניות. אנחנו חושבים שבזכות חשיפת החלקים הנסתרים נהיה קלילים יותר, חופשיים יותר, אפילו מאושרים יותר. "אילו רק יכולנו להסיר מעלינו את מסכות התרבות והחינוך יכולנו להיות מי שאנחנו באמת". תחושה זו מבוססת על ההנחה שאנשים פשוטים או פרימיטיביים אמיתיים יותר, אותנטיים יותר או מזויפים פחות. האומנם? אילו יכולנו להסיר את המסכה, האם אמת גדולה הייתה מתגלה? האם האדם העירום, נטול המסכה, ישר או טבעי מן האדם העוטה מסכה? האם המסכה – שהיא חלק מזהותנו – מלאכותית מן החלקים האחרים או שמא היא מרכיב באישיותנו שחשיבותו אינה פחותה מחשיבות החלקים המוכרים רק לנו? האם האדם העירום חשוף יותר מן הג'נטלמן הלבוש בקפידה? האם אדם הראשון היה "אמיתי" יותר כשהיה עירום או אחרי שהתלבש? ומה קורה כאשר אנשים מסירים את המלבושים האלה ואומרים את אשר על ליבם?

אפשר לחדד את השאלה בעזרת דוגמה ציורית יותר. נניח שאני פוגש מישהו ואומר, "אני רוצה לראות אותך כמו שאתה; התפשט!".

הוא מסיר את בגדיו ועומד לפניי עירום לגמרי. אז אני אומר: "אבל אתה עדיין לבוש! פשוט את בשרך, הסר הכול עד למהות האמיתית. התפשט עד השלד". האם השלד אמיתי מן הגוף העשוי בשר ודם? אם נגיע לעצם, האומנם הגענו לאמת? הזהו האדם? האם כך מיטיבים לראות את "האדם האמיתי"? אולי גם התמונה שתצטייר כך חלקית ולא־מדויקת.

יש לנו שלד, והשלד לבוש בבשר ובשרירים ובעור. הלבוש הזה הוא חלק מהמכלול שאנחנו מכנים אדם. מכלול זה כולל חלקים רבים נוספים, שכבות נוספות העמוקות מן העצם. האומנם פסיכואנליזה של האדם חושפת את האמת? הסרת כל השכבות אינה מגלה בהכרח עצמי אמיתי יותר אלא רק עצמי אחר, היצוק בתבנית שקבע פרויד. אין זו אלא אמת חלקית. כאשר ילד קטן מגלה שאפשר להפשיט בובות הוא מפשיט את כל הבובות שלו. אחר כך הוא מנסה להפשיט את הכלב. אולי ילדים ניחנים בסקרנות מדעית אמיתית – הם רוצים לראות את האמת, הם רוצים לדעת כיצד הדברים פועלים.

איזה רעיון מתבטא במטפורה הזאת? מהו החלק האמיתי ביותר באדם? האם המלבושים שאנחנו לובשים בשלבים מאוחרים של חיינו נחותים ממה שכיסה אותנו בלידתנו? האם הכיסויים שנוספים לנו במהלך חיינו אמיתיים פחות מאנחה או מבכי נטול מילים? אם מפשיטים אדם לא רק מבשרו אלא מכל מה שרכש בחייו – תרבות, שפה, מחשבות, חלומות, רעיונות – עד לרמת הרוח הטהורה, עדיין לא תתגלה מהותו הצרופה של האדם. גם הרוח הטהורה היא מעין שלד, אבל אין היא העצמי. האדם כולל גם את החיבורים אל כל השכבות החיצוניות. הגוף הביולוגי והגוף הרגשי, כל הדברים הנובעים מתוך האדם וכל המסכות הנלמדות

מאחרים בדרך של חיקוי מכוון, הם חלק מתחושת העצמי. העצמי הוא תרכובת, ישות המורכבת מבשר, מדם, מרגשות, משכל, מרוח ומנשמה – וגם מן המסכות.

אולי הטבעיות המופשטת, הפשוטה והבראשיתית, העצמי האמיתי, אינם קיימים כלל. מציאת העצמי האמיתי אינה תלויה רק בשאלה אם אפשר להתפשט לחלוטין או אם התפשטות מגלה אמת גדולה; מן ההכרח להבין אם התפשטות כזו היא הישג שיש להתגאות בו. האם היצור שהופשט מכול טוֹב מאחרים? האם אדם החושף בלי בושה תאווה חסרת מעצורים נעלה יותר? האם ראוי לעשות לתאוות סובלימציה (בלשונו של פרויד), כלומר לעדן אותן? האם יש לשנות אותן ולהלבישן? האין היצור שהשתנה, הלָבוש והרשמי יותר נעלה מן היצור שתאוותיו גלויות?

אחד הסיפורים העוסקים ברעיון המורכב הזה הוא המדרש המספר על מפגש בין רבי עקיבא ובין נציב רומא ביהודה טיניאוס רופוס (המכונה בפי חז"ל בשם טורנוסרופוס – טירנוס רופוס).[5] שני המנהיגים ניהלו ויכוח פילוסופי שמצד אחד נגע לקריסת עבודת האלילים ברומא ומצד שני – לחיכוכים הפוליטיים בין האוכלוסייה היהודית ובין השליטים הרומאים.

ששאל טורנוסרופוס הרשע את ר' עקיבא: איזו מעשים נאים,
של הקב"ה או של בשר ודם?
אמר לו: של בשר ודם נאים.

5. מפגש זה התרחש בסביבות שנת 130 לספירה, לפני מרד בר כוכבא. רבי עקיבא היה אחד מגדולי החכמים בדורו ואף בכל הדורות. טיניאוס רופוס לא ניצח בוויכוח; הוא הביא לסיומו כעבור זמן כאשר ציווה להוציא את רבי עקיבא להורג.

מסכות

אמר לו טורנוסרופוס: הרי השמים והארץ, יכול אדם לעשות כיוצא בהם?

אמר לו ר' עקיבא: לא תאמר לי בדבר שהוא למעלה מן הבריות, שאין שולטין עליו, אלא אמור דברים שהן מצויין בבני אדם.

אמר לו: למה אתם מולין?

אמר לו: אני הייתי יודע שעל דבר זה אתה שואלני, ולכך הקדמתי ואמרתי לך שמעשה בני אדם נאים משל הקדוש ברוך הוא.

הביא לו רבי עקיבא שיבולים וגלוסקאות, אמר לו [ר' עקיבא לטורנוסרופוס]: אלו מעשה הקדוש ברוך הוא, ואלו מעשה ידי ודם אמר לו: אין אלו נאים יותר מן השיבולים?

אמר לו טורנוסרופוס: אם הוא חפץ במילה, למה אינו יוצא הולד מהול ממעי אמו?

אמר לו ר' עקיבא: ולמה שוררו יוצא עמו והוא תלוי בבטנו ואמו חותכו? ומה שאתה אומר למה אינו יוצא מהול – לפי שלא נתן הקב"ה את המצוות לישראל אלא לצרף אותם בהם.[6]

ניכר שטיניאוס רופוס רצה לטעון שעולם הטבע טוב מיצירות האדם, וכך לסתור אחת מאמונות היסוד של היהדות: המחשבה שהאחריות למתרחש בעולם הזה מוטלת גם על בני האדם ושהם אמורים ואף מצֻווים לתקנו. רבי עקיבא לא הניח לו לפתח את עמדתו. תשובתו לא הייתה הלצה ואף לא צעד טקטי. לעמדת רבי עקיבא יש השלכות רבות. דבר טבעי אינו טוב בהכרח מדבר מעשה ידי אדם. היצור

6. מדרש תנחומא תזריע, ה.

הטבעי עצמו, היצור העירום מכול, אינו עדיף בהכרח מן היצור המכוסה. האדם הלבוש, כלומר אדם העוטה מסכה, שונה מן האדם העירום, ומבחינות מסוימות הוא עולה עליו.

הציווי לכוהנים "וַעֲשֵׂה לָהֶם מִכְנְסֵי בָד לְכַסּוֹת בְּשַׂר עֶרְוָה מִמָּתְנַיִם וְעַד יְרֵכַיִם יִהְיוּ"[7] לא נועד לשמור על צניעות, כלומר להבטיח שאיש לא יראה את איבריהם המוצנעים. לא היה בו צורך למטרה זו משום שהכוהנים לבשו כותנות ארוכות שהגיעו עד קרסוליהם. נראה אפוא שמכנסי הבד האלה נועדו לשרת את הכוהנים עצמם, לכסות את מערומיהם מעצמם ולא מעיני אחרים.

אפשר לומר שלכיסוי הזה, ההכרחי לשם עבודת הקודש, יש גם משמעות סמלית פסיכולוגית. יש בַּעצמי חלקים שמוטב שלא יהיו גלויים אפילו לאדם עצמו. אולי כפיית אנשים לחשוף ולגלות את החלקים החבויים שבהם אינה דבר חיובי. המלבוש אינו מעלים את החלקים האלה, הם מוסיפים להתקיים גם כך. אולם חשיפתם ובדיקתם המתמדת מסיבות נזק. בכל אדם יש דברים שראוי לכסות, משום שבחינה בלתי פוסקת שלהם מגבירה את כוחם, את משיכתם ואת הקושי לשאתם. בכולנו יש כמויות עצומות של רע סמוי שאיננו מודעים לקיומו. כאשר החלקים האלה של העצמי סמויים, אפשר איכשהו להתמודד איתם. כאשר הם מתגלים האיזון בתוך העצמי מופר: הם מאיימים הרבה יותר כאשר מודעים להם. הפילוסוף הצרפתי מונטיין כתב שאילו נענשו אנשים על מחשבותיהם, דין כולם היה נגזר למות בתלייה כמה פעמים בכל יום.

ההדחקה הזאת אינה רק מנגנון הגנה מפני גורמים מחוץ: היא מגינה עלינו גם מפני עצמנו. יש מימרה בארמית – "ליבא לפומא

7. שמות כח, מב.

לא גליא", הלב אינו מגלה לפה.[8] ויש דברים שהלב אינו מגלה אפילו לעצמו. רק ליחידי סגולה יש הכוח להביט אל תוך תהומות נפשם. פתיחת תהומות הנפש עלולה לדמות לבקיעת הקרום המכסה נקיק מלא לַבָּה. החומר הלוהט עלול להתפרץ ולהשמיד הכול.

הכיסוי המסייע להצנעת הפְּנים, המסכה הפנימית הזאת, הוא אפוא כלי להגנה עצמית. אפשר להסירו רק בזהירות מרבית, ובזמנים מיוחדים בלבד. "עָקֹב הַלֵּב מִכֹּל וְאָנֻשׁ הוּא מִי יֵדָעֶנּוּ".[9] אלוקים יודע את ליבנו בכל מקרה. אנשים אחרים אולי חושדים שזה טיבו, אבל מוטב שלא יראוהו לגמרי. כיסויו אינו מעשה רמייה אלא אמצעי המאפשר להכילו ולשלוט בו. עלינו לנסות לתקן את החלקים האלה, לשפר אותם, להשתמש בהם בחוכמה – אבל ראשית יש להתאמץ לשמור את גבולות המאורה הזאת, המלאה דברים פראיים ואכזריים.

בדיון על עניין הצדקה חז"ל דנים על אנשים שאינם זקוקים לצדקה אך מעמידים פני נזקקים.[10] הם אומרים שאדם המתחזה לפיסח ומבקש צדקה כפיסח יהיה פיסח בחייו. אדם המעמיד פנים שהוא חולה במחלה מסוימת יחלה בה לפני מותו. השקר יהיה לאמת. המסכה תהיה למציאות. כוחה של המסכה להשפיע על האדם עצום, גם אם הדבר אינו לרצונו. חכם בן תקופה מאוחרת שאל: זו מנת חלקו של אדם המעמיד פני פיסח; מה בדבר אדם המעמיד פני צדיק? התשובה זהה: לפני מותו הוא יהיה לצדיק; זה יהיה עונשו. גורל זה הוא בבחינת עונש, משום שחיי הצדיק קשים הרבה יותר מחיי האדם הצבוע. אולם גורל זה הוא גם בגדר גמול – על שבחר דווקא במסכה הזאת.

8. איכה רבה יב, ט; מדרש תהילים ט.
9. ירמיהו יז, ט.
10. משנה, פאה ח, ט.

אולי השאלה האמיתית שיש לשאול אינה אם אפשר או אם ראוי להתפשט מן הכיסויים אלא איזו מסכה כדאי לעטות. האם מסכה זו טובה מאחרות? באילו מלבושים אפשר להלביש את זהותי כדי לרומם אותה? האדם והמלבוש, הטבע והחפצים מעשה ידי אדם, היד האנושית והמכשיר – כולם קשורים זה לזה בקשרים סבוכים.

המדרש אומר שבהר סיני התגלה אלוקים לכל אדם ואדם לפי מידת השגתו.[11] היהדות מגדירה את המנהיגות כיכולת להגיב אחרת לכל אדם ואדם.[12] אפשר שהיכולת להיות שונים במפגש עם כל אדם על פי צרכיו היא מתת אלוקים.

מותר האדם הוא אפוא היכולת לבחור איזו מסכה נרצה לעטות: השד או המלאך.

11. שמות רבה ה, ט: "שנאמר: 'קול ה' בכוח' – 'בכוחו' לא נאמר אלא 'בכוח', בכוחו של כל אחד ואחד... הווי אומר: כל אחד ואחד לפי כוחו".
12. ספרי במדבר פיסקא קמ: "'איש אשר רוח בו' – שיכול להלוך כנגד רוחו של כל אחד ואחד".

חברים

למונח "חברות" אין משמעות אוניברסלית מדויקת. ההגדרה המדויקת, כמו הגדרת הפורנוגרפיה, תלויה במקום הגאוגרפי, ואומנם היא משתנה מארץ לארץ ומתרבות לתרבות. הכול מסכימים שחבר הוא מי שאינו אויב או אם תרצו: היפוכו של האויב. אך חוץ מהגדרה זו על דרך השלילה המונח "חברות" מקיף מגוון רחב של מערכות יחסים.

בארצות מסוימות, שבהן משמעות המילה "חבר" רחבה מאוד, אדם היושב לידי בבית הקפה או עמית לעבודה ייקראו "חברים", ואילו בארצות אחרות אדם כזה ייחשב בקושי למכר. הבנתנו את המילה "חבר" מעורפלת כל כך, שהמילים "חבר" ו"חברה" (ובאנגלית: boyfriend/girlfriend) מציינות לפעמים קשר שאינו קשר חברות כלל. בארצות אחרות, כגון רוסיה – והדבר נוגע לנורמות תרבותיות מושרשות היטב ולאו דווקא למערכת החברתית או הפוליטית – מייחסים חשיבות רבה מאוד לרעיון החברות, והיא נתפסת כקשר רגשי עמוק שחשיבותו גדולה מכל קשר אחר, וקשרי

המשפחה הקרובים בכלל זה. לפעמים אנשים מחליפים בני זוג שש ושבע פעמים, אבל קשר חברות יכול להימשך חיים שלמים.

באנגלית המודרנית אין הבחנה לשונית בין "אתה" ל"אתם". בצרפתית, בגרמנית, ברוסית ובשפות רבות אחרות פונים בגוף שני רבים, "אתם", בדרך של כבוד לאדם שמעמדו שווה למעמד הדובר או גבוה ממנו. פנייה זו קובעת ומשקפת קשר פורמלי, ואילו הפנייה בלשון יחיד שמורה בעיקר לחברים קרובים ולבני משפחה.[1] "אתה" שונה בתכלית השינוי מ"אתם", והמעבר מ"אתה" ל"אתם" מסמן מעבר ממערכת יחסים פורמלית לקשר אינטימי. במדינות אירופיות רבות צוין המעבר הזה בטקס ולעיתים יש מנהגים קבועים לעשייתו. הוא יכול להיעשות בדרך קלילה או בכובד ראש, אך תמיד יציינו אותו בחגיגה כלשהי משום שהוא מסמל מעבר מקשר פורמלי או שגרתי לקשר קרוב ואינטימי.

ההבחנה הלשונית הזאת מדגישה שחברות היא אינה רק מילה שמשמעותה כללית ולא־מדויקת, היא אינה רק הנאה מחברת אדם אחר והימצאות במחיצתו, היא הרבה יותר מכך. חברות היא דבר עמוק מאוד, ויש בה גוונים ובני־גוונים של רגש.

נוסף על ההבדלים בין התרבויות המובנים השונים של המושג "חברות" משקפים גם את אופי האדם, את יכולתו ליצור קשרי ידידות ואת ניסיון חייו. בכל תרבות יש אנשים שמזלם לא שפר עליהם והם אינם מבינים את המילה "חבר" כלל מעבר להגדרתה במילון. הם מעולם לא חוו חברות עמוקה ואינם יודעים שהיא יכולה להתקיים, ולכן חייהם אינם שלמים. לפעמים "חברו" היחידי של

1. למשל: vouz/tu בצרפתית, zie/du בגרמנית או vi/ti ברוסית.

אדם כזה הוא כלב, ואף שהוא חבר מוגבל למדי, לכל הפחות יש ביניהם קשר שיש בו אמון הדדי.

אחרים יודעים על אפשרות קיומה של חברות עמוקה, אבל הם אינם יודעים לתארה. הרעיון נותר בלתי מוגדר, עמום, בלתי ממומש. תהליך הבהרת משמעות החברות משרטט מתווה כללי, חוקר את גבולות הקיים ויוצר מסגרת לפיתוח הפוטנציאל הטמון בחברות. בזכות הבנה אמיתית וקריאת שם להבנה האפשרות שהחברות תיווצר מתהווה. בלי תהליך ההכרה, ההגדרה וקריאת השם, החברות – אם היא נוצרת – היא פרי המקרה. במקרה כזה עלולים שלא להכיר בערך החברות בעת קיומה, וההבדל בין "מכר" ובין "חבר" מתברר רק לאחר מעשה.

סיפור בן כמאה וחמישים שנה שסיפרו יהודי ארצות המזרח עוסק במשמעותו המושג. בסיפור זה אב מתלונן שבנו מבזבז כסף רב מדי וזמן רב מדי על חבריו. האב שואל את בנו כמה חברים יש לו, והבן מעריך שמספרם כמאה. האב הנדהם משיב: "אני חי שנים רבות ממך, ובכל ימיי קניתי לי רק חבר וחצי".

האב והבן מבקשים להעמיד בניסיון את נאמנותם ומסירותם של חברי הבן ומתכננים תוכנית: הבן בא אל אחד מחבריו באמצע הלילה ועל שכמו שק כבד. הוא מספר לו שזה עתה הרג את יורש העצר של הממלכה בדו־קרב, ומבקש מהחבר לעזור לו לקבור את הגופה ולמצוא מקום מסתור. למשמע הסיפור החברים מגרשים את הבן מבתיהם בזה אחר זה, ואיש מהם אינו מוכן להסתכן ולהושיט לו עזרה. הבן שב אל אביו ואומר: "כעת אני מבין את דבריך על חבריי. אך האומנם חבריך טובים מהם?" אז שולח האב את הבן תחילה אל "חצי החבר". הבן דופק על דלתו באישון לילה, ובשומעו את הסיפור אומר חצי החבר: "לא נהגת כשורה, אבל אתה בנו של

חברי, ולכן אתה יכול להיכנס. אני אקבור את הגופה ואעזור לך להסתתר כמיטב יכולתי".

אחת המסקנות העולות מן הסיפור הזה היא שאמון הוא אחד הקריטריונים הבסיסיים לחברות. דרגת החברות הגבוהה ביותר היא אפוא אמון שמגיע עד מסירת החיים בידי החבר. חברות שכזו מתהווה לא פעם בעיתות משבר שבהן אנשים חייבים לסמוך זה על זה כדי לשרוד, ובעיקר בימי מלחמה. החיילים ביוון העתיקה למשל היו עומדים שורות־שורות, וכל חייל אחז מגן בשמאלו וחרב בימינו. הם נשבעו להילחם, לא לברוח ולהגן תמיד על העומד לשמאלם. ההגנה ההדדית והמהימנות הזאת היו תנאי חיוני להבטחת שלמות היחידה הלוחמת.

האמון, שבשעת מלחמה הוא חיוני מאין כמותו, חייב להתקיים גם בחיי היום־יום. בעולם העסקים עלינו לתת אמון ביושרו של הצד האחר כדי שנוכל לעבוד יחד: אנחנו סומכים על כך שאומנם הדלק שאנחנו רוכשים הוא דלק ושהחולצה שאנחנו קונים היא חולצה טובה. אולם אמון בלבד אינו שקול לחברות. האמת היא שאפשר לעשות עסקים או לחתום על הסכם פוליטי עם אדם שידוע לנו היטב שהוא רמאי; די אם ננקוט צעדים להגן על עצמנו. למעשה, לפעמים קל יותר לעשות עסקים עם רמאי: מאחר שאין אמון בין הצדדים, כל צד יבדוק בשבע עיניים כל סעיף וסעיף בהסכם ויבהיר את המגבלות ואת הגבולות של החוזה שהם חותמים עליו. ייתכן שהיעדר אשליית האמון תסייע למימוש ההסכם לשביעות רצון כולם. מידת האמון שיש בכל עסקה מסחרית או מפגש חברתי מוגבלת.

ואולם, אף אם עסקים משותפים אינם מעידים בהכרח על חברות, החברות יכולה לשמש להגדרתם ולהשפיע עליהם. חשוב שנדע שיש אדם אחד לפחות שאנחנו יכולים לבקש ממנו הלוואה,

אדם אחד שלא ירמה אותנו. אחד ההבדלים העיקריים בין עסקים (מסחריים או חברתיים) ובין חברות הוא שביסודו של דבר, עסקה היא חליפין של דברים שווי־ערך, קנייה ומכירה. חברות היא חילופי מתנות, ואסור לחשב את ערכן או לספור אותן. בקשר עסקי הוגן שני הצדדים נבחנים, הם מתדיינים בדבר ערך הטובין, וערכם חייב להיות שווה, ואילו בחברות אין מעריכים את שווי החליפין. לעיתים החליפין שבחברות אינם שקולים כלל; לפעמים אחד הצדדים נותן הרבה יותר מרעהו.

למעשה, מבחן חשוב לחברות הוא השאלה אם מישהו מתחשבן. כאשר חבר מתחיל לעסוק בפנקסנות, גם אם הקשר ממשיך להתקיים בדרך זו או אחרת, הוא נעשה לקשר מסחרי או מסחרי למחצה, וקשר שכזה שונה מאוד מחברות. לכן קשרים רבים הנחשבים לקשרי חברות (ובכלל זה רבים מהקשרים הרומנטיים שהצדדים בהם נקראים "חבר" או "חברה") אינם אלא מפעלים עסקיים, שבהם צד אחד משלם בכסף והצד האחר משלם בהתנהגויות מסוימות, בהשפעה או בכל "מטבע" אחר. כאשר חבר מתחיל לערוך חשבונות ולהשוות בין מה שנתן ובין מה שקיבל; כאשר אדם תובע תמורה כלשהי בעבור מתנותיו או אפילו מהרהר באפשרות – לאו דווקא תמורה כספית, אלא גם נשיקה או חיוך – החברות מתה ונהיית לקשר עסקי.

ואולם, אף על פי שערך החליפין שבחברות אינו נמדד, חברות היא קשר הדדי. חייב להיות איזון בין חברים. טפיל אינו חבר. אין פסול בכך שאחד הצדדים חזק יותר או שחברים נעזרים זה בזה בעניינים רבים, אבל הקשר חייב להיות הדדי: חברים צריכים להיות מסוגלים לסמוך זה על זה. בספר קהלת נאמר: "טוֹבִים הַשְּׁנַיִם מִן הָאֶחָד אֲשֶׁר יֵשׁ לָהֶם שָׂכָר טוֹב בַּעֲמָלָם. כִּי אִם יִפֹּלוּ הָאֶחָד יָקִים אֶת

חֲבֵרוֹ. וְאִילוֹ הָאֶחָד שֶׁיִּפּוֹל וְאֵין שֵׁנִי לַהֲקִימוֹ".[2] דברים אלה אינם הגדרה פסיכולוגית מעמיקה, אלא אמירה פשוטה: חברים מוכנים להושיט יד לעזרה ולחלץ אותנו מצרה. גם אם לעולם לא אזדקק לידו המושטת, חבר הוא אדם שאני יכול לסמוך עליו, אדם שיהיה משענת יציבה ולא ייעלם פתאום וישאיר אותי לבד. המילה "ידיד", כלומר חבר, מכילה את המילה "יד" פעמיים, כמו שני אנשים המושיטים יד זה לזה.

מהי אפוא מהות החברות? חברות היא שיתוף אדם אחר מרצון בדברים החשובים לי, אם בנכסיי אם באישיות שלי, בזמני או בסודותיי. שיתוף זה אינו כרוך בהכרח בנתינה, אלא הוא הנכונות להניח לאדם אחר להיות שותף בדבר היקר לליבי. הרמב"ם אף מרחיק לכת ואומר שהמדרגה הגבוהה ביותר של אהבה היא אהבתם של מי שיש להם מטרות משותפות.[3] ואומנם יש קשרי חברות אמיצים ביותר המבוססים על אידאלים משותפים, על הערכת אותם הגיבורים או אפילו על אהבת אותם הדברים היפים.

התהדקות קשר החברות פירושה העמקת תחושת האמון. מידת האמון השורר בין חברים ועומקו הוא אולי אמת המידה הטובה ביותר לעומק החברות ולעוצמתה. האם אנחנו יכולים לסמוך על חבר שישמור על רכושנו? שינהג כבוד ברגשותינו? האם נפקיד בידיו את חיינו? האם אפשר לשתף אותו בסודות חשובים או רק בסודות קטנים? אם איני יכול לסמוך על חברי שלא ירמה אותי רק כאשר סכום הנמוך מחמישים אלף דולר מונח על הכף, הוא יכול להיות שותף טוב לעסקים, אבל הוא אינו חבר. אם אני סומך על

2. קהלת ד, ט-י.
3. בהקדמתו לפרקי אבות.

חבר בענייני כספים מן ההכרח שאוכל לסמוך עליו שלא ירמה אותי תמיד, יהא הסכום אשר יהא. אם אני סומך על חבר שיבוא לעזרתי אם איקלע לצרה, מן ההכרח שאוכל לסמוך עליו שיעזור לי בכל צרה שהיא, אפילו הוא חולק עליי או סבור שנהגתי בטיפשות או מתוך רוע.

אומנם יש בחיינו גם קשרי חברות המוגבלים לתחומים מסוימים, אבל אמת המידה לחברי אמת היא שאין גבול למסירותם. בפועל יש לאנשים קשרי ידידות הנוגעים לתחומים אלה ואחרים: חברים בחיי היום־יום וחברי הנפש, חברים שיועצים בענייני כספים וחברים שמשתפים במחשבותיהם הכמוסות. חבר אמיתי אינו תחום בגבולות: אין גבול לדברים שבהם הוא משתף ואין גבול לחשיבותם. פסוק בתורה מפרט קשרים בין־אישיים שונים בסדר עולה לפי מידת הקרבה: "אָחִיךָ בֶן אִמֶּךָ אוֹ בִנְךָ אוֹ בִתְּךָ אוֹ אֵשֶׁת חֵיקֶךָ אוֹ רֵעֲךָ אֲשֶׁר כְּנַפְשְׁךָ".[4] "רעך אשר כנפשך" הוא החבר האולטימטיבי, הנפש התאומה.

הרבי מקוצק אמר שכדאי לכל אדם שיהיה לו חבר אחד לפחות שאפשר לגלות לו את כל הסודות, אפילו הגרועים ביותר. יש שני סוגים של סודות שאיננו רוצים לגלות. הסוג הראשון הוא דברים שאנחנו מתביישים בהם או סתם דברים שאיננו רוצים שייוודעו משום שבעקבות חשיפתם יבוזו לנו או יפגעו בנו, משום שהם עלולים להסב לנו נזק כלכלי או חברתי או משום שהם עלולים אפילו לסכן את חיינו. הסוג השני הוא סודות הנשמרים מתוך ביישנות וחשש לחשוף חלקים פנימיים שלנו השמורים בתוכנו, בינינו לבין עצמנו. עם התהדקות החברות נכונותנו לגלות חלקים נוספים מאישיותנו גדלה.

4. דברים יג, ז

לפעמים אנשים מתביישים במעשיהם או במחשבותיהם, אבל על פי רוב הם אינם חשים מבוכה בעטיים. איננו מסמיקים בגלל המעשים הרעים עצמם, אלא משום שאדם אחר יודע עליהם. עם זה, יש בנו גם רגשות ורעיונות שהם פרטיים מאוד ועדינים מאוד, וחשיפתם כמוה כמחיקת מהות קיומם. לחברים שהקשר איתם אינטימי במיוחד ואנחנו חשים שהם קרובים אלינו כנפשנו אפשר לגלות הכול בלי שמץ של מבוכה.

אחד ההבדלים החשובים בין חברות ובין אהבה רומנטית הוא שאף על פי שהחברות יכולה להיות קרובה ואוהבת, היא אינה מובילה לתשוקה. החברות היא אהבה בלי תשוקה. אומנם לפעמים קשרי חברות מתפתחים ונהיים לקשרי אהבה, אבל אם ההתפתחות הזאת אינה מתרחשת חברים יכולים להתחבק או ללכת יד ביד בלי שתתעורר בהם תשוקה. האהבה לעומת זאת הולכת ומתעצמת, ועל פי רוב גם הראייה והמגע מעורבים בה בגלל הצורך לבטא אותה באמצעים חזקים יותר ויותר.[5]

הבדל חשוב נוסף הוא שהחברות אינה קשר בלעדי. רוב בני האדם אינם מוכנים לחלוק את אהוביהם עם אחרים, אבל אינם רואים בעיה בקיומם של חברים משותפים. קבוצות חברים יכולות לכלול שלל תתי־קשרים בדרגות שונות של קרבה, אינטנסיביות והיקף בלי לעורר קנאה. במקרים רבים קשרי חברות גם אינם מושפעים לרעה מזמן וממרחק. חברים יכולים לשוחח זה עם זה רק לעיתים נדירות או לא להיפגש במשך שנים ועדיין להיות חברים קרובים מאוד. היציבות הזאת היא תכונה ייחודית לחברות.

5. ספק אם האהבה האפלטונית אכן קיימת מחוץ לספרים, שבדרך כלל אינם טובים במיוחד, ובסרטים הוליוודיים, שבהם היא משמשת בדרך כלל כיסוי למערכת יחסים מסוג אחר.

אף שהחברות יכולה להיות קשר אינטימי חשוב וחיוני בחיינו, היא שונה ונבדלת מן האהבה הארוטית: בשונה מהאהבה, החברות אינה עיוורת. האהבה נוטה לסמא את עינינו לבל נראה את הפגמים של אהובינו. מבחינה זו החברות מתאפיינת בפתיחות מחשבה יחסית. אנחנו מסוגלים לראות את פגמי הגוף או האישיות של חברינו; יש לנו חברים בלתי נסבלים או טרחנים ומקצתם ניחנו בתכונות גרועות עוד יותר. אבל למרות כל זאת חבר הוא חבר, והוא יכול להיות חבר קרוב ויקר מאוד גם אם הוא משופע בחסרונות. יתרה מזו: גם שקרן גדול לעולם לא ישקר לחבר, ואדם לא־יוצלח יתאמץ לעשות כמיטב יכולתו למען חברו. אכן, בבואנו לבחור לנו חברים איננו מבקשים אלילה או אביר על סוס לבן. אנחנו מנסים למצוא מישהו שאפשר לסמוך עליו, מישהו שאפשר לבנות איתו קשר שיאחד אותנו.

כמו האהבה, גם החברות יכולה להתפתח בצורות שונות. לפעמים נוצרת "חברות ממבט ראשון", ותחושת חיבה הדדית עמוקה מתפתחת בין אנשים שלכאורה שונים מאוד זה מזה. במקרים אחרים אנשים מגדירים את הקשר ביניהם חברות ממש רק אחרי תהליך ממושך.

כמו מרבית הדברים שערכם רב, קשה לקנות חברים. מלבד חברות אין מטבע עובר לסוחר שבו אפשר לשלם תמורתם. לעיתים אדם מזהה מישהו שהוא רוצה להתיידד איתו, אך ייתכן שאותו אדם ייענה להצעת החברות רק כעבור זמן ממושך ומאמצי "חיזור" מרובים. רכישת חברים מחייבת אותנו לטפח את הקשר ברגישות רבה משום שהחברות, כמו האהבה, היא דבר שברירי. הפגיעה הנגרמת בעקבות מעילה באמון בין חברים עלולה להיות קשה בהרבה מפגיעת בגידתו של אהוב.

אף שאפשר לחשוב שהרגשות המתלווים לקשר חברות עזים הרבה פחות מהרגשות הנלווים לאהבה הרומנטית, מבחינות רבות החברות פגיעה ממנה. לאמיתו של דבר, נראה ששיקום קשר חברות שנפגע קשה פי כמה וכמה משיקום קשרי אהבה פגועים, משום שהאהבה כוללת את יסוד התשוקה והוא מסייע לאחות את הקרעים. בחברות אין דבק התשוקה, והיא דומה אפוא לביצה: מעת שנשברה היא שבורה לעד. כאשר אדם מגלה, אפילו באקראי, שאינו יכול לסמוך על אדם שהחשיב לחבר, החברות ביניהם אינה קיימת עוד. אנחנו יכולים להוסיף לחבב או להעריך חבר שחדל להיות חבר, אבל מעילה באמון הורסת את מהות החברות, ושיקום האמון מצריך מאמצים כבירים.

אין משמעות הדבר שחברים אינם יכולים לריב או שאינם רבים בפועל. אדרבה, אחד מיסודות החברות הוא הרשות לריב ועם זה להוסיף להיות חברים. אך לא כל קשרי החברות מסוגלים לעמוד בכך. על פי רוב חברים יודעים מהם גבולות הקשר, ואם מתעוררות בעיות ומחלוקות, חברי אמת יכולים לדבר עליהן. אם חברים חייבים להגדיר את הקשר בבירור או אם החברים אינם יכולים עוד לדבר זה עם זה, לאמיתו של דבר הם אינם חברים.

אנחנו חיים בעידן שמתאפיין בניידות חסרת תקדים ושהתקשורת בו קלה בזכות אמצעי התקשורת הרבים. רובנו פוגשים – פנים אל פנים או בדרכים אחרות – אנשים רבים בהרבה משפגשו בני הדורות שקדמו לנו. אולם אין להסיק מכך שמספר הקשרים החשובים בחיינו גדול יותר. נהפוך הוא: מי שנמצא בתוך המון אדם עלול להרגיש בודד לא פחות מאדם התועה במדבר ואולי אפילו בודד ממנו. כמו בעיתות מלחמה או קושי אמיתי, גם בחיי

היום־יום אנחנו זקוקים לדבר שאפשר להיאחז בו. הדבר הזה הוא קשר יציב ואמין.

כאשר אין בחיינו קשר כזה ואין לנו אפילו הכלים הנחוצים ליצור אותו, אנחנו שוכרים את שירותיהם של בעלי מקצוע שונים כתחליף לחברים: אנחנו מעסיקים שומרי ראש שיגנו עלינו ופסיכיאטרים ועורכי דין שישמרו את סודותינו. אולם כל הקשרים האלה הם קשרים מסחריים. אשרי מי שמכיר אדם שאינו סתם מישהו שאפשר לדבר איתו, אלא חבר אמיתי. חברים אינם צריכים להיות דומים זה לזה. יש שהם נעשים דומים במרוצת הזמן, אבל החברות אינה מושתתת על דמיון. תחושת הקרבה ההדדית חוצה את גבולות המגדר, הגזע, השפה והתרבות וכל מחסום אחר כמעט.

כאשר עומדים באמת על חשיבות הקשר הזה המילה "חבר" נעשית טעונה הרבה יותר. לא נאמר אותה עוד בלי הבחנה משום שכעת יש לה משמעות ועומק. לעיתים מציאת חברים תלויה במזל, ולעיתים צריך להתפלל על כך. אם החיים הם לוטו, מציאת חבר אמת היא הפרס הגדול.

משפחה

כל אדם קשור בדרך זו או אחרת לרעיון המשפחה. נוסף על היותנו בנים למשפחה רחבה – משפחת האדם או האומה שאנחנו שייכים אליה – לכל אדם יש משפחה כלשהי.

התגובות הרגשיות שמושג המשפחה ושהמשפחות שיש לנו בפועל מעוררים שונות מאוד מאדם לאדם. עצם המילה משפחה מהלכת קסם על רבים משום שהיא מעוררת זיכרונות שהחזק שבהם הוא תחושת אהבה עזה. יש אנשים החשים שקשר המשפחה אינו רק הקשר החזק בחייהם, אלא הקשר היחיד החשוב באמת. הם יכולים להגר בקלות ממדינה למדינה ולשנות את השתייכותם הלאומית, הפוליטית והעסקית, אבל קשרי המשפחה שלהם איתנים ויציבים. אחרים אדישים למשפחותיהם וסבורים שהמשפחה היא פשוט מציאות שיש לקבל ולהתמודד איתה כמיטב יכולתנו. ויש גם אנשים שממש לא אוהבים את משפחותיהם ואפילו שונאים אותן. יהא טיב הקשר הרגשי אשר יהא, המשפחה היא מציאות קיימת, וכל אדם חייב להתמודד איתה במישור המעשי ובמישור הרגשי כאחד.

מקובל לראות במשפחה את היחידה הבסיסית בחברה. לפעמים המשפחה מצטרפת לאחרות ומשתלבת ביחידות גדולות יותר: בית אב, שבט, עם או לאום. היחידה הגדולה המודרנית ביותר – הלאום – מחריבה יחידות אחרות (לעיתים קרובות בכוונה תחילה) ומנסה להכחיד או לפחות להחליש את כוחן של קבוצות מסורתיות כמו שבטים ובתי אב. אולם אפילו בתוך האומות המפותחות ביותר מצויה קבוצה קטנה ועתיקת יומין – המשפחה. המשפחה עודנה יחידת הבסיס בחברה, ולא משום שהיא היחידה הקטנה ביותר אלא מפני שהיא יציבה מכל יחידה אחרת. היא קדמה לכל מבנה חברתי אחר, והתקיימה בכל תולדות המין האנושי. רעיון המשפחה טבוע עמוק בתוכנו, ולכן אף על פי שהוא משתנה לעיתים לפי הזמן והמקום, הוא אינו חדל להתקיים.

אומנם המשפחה קיימת זמן רב מאוד, אך אין להסיק מכך שהיא מבנה חברתי יעיל במיוחד. מבחינות רבות המשפחה היא יחידה בלתי יעילה למדי בכל הנוגע לכוח העבודה, למשאבים הכלכליים או למיצוי היכולות האישיות. יציבותה ולכידותה נוטות לא להתיישב עם מטרות לאומיות או דתיות. חוסר היעילות של המשפחה נובע מן ההטרוגניות שלה: היא יחידה קטנה למדי המורכבת מבני מינים וגילים שונים, ומשום כך אין היא יכולה למלא שום משימה כמעט במהירות ובדייקנות. יעילותם הרבה של החרקים החברתיים (נמלים, דבורים, טרמיטים) – קבוצות המורכבות בעיקר מפרטים חסרי מין המשמשים פועלים וחיילים – מוכיחה את יעילותה של חברת פועלים הומוגנית שאין בה משפחות.

למשפחות יש גם אינטרסים מיוחדים משלהן, והן נוטות לפתח אותם אפילו על חשבונן של היחידות החברתיות החוץ־

משפחתיות. למשל: השאיפה לתת בידי הילדים יותר כסף או כוח מאחרים (באמצעות ירושה) יוצרת חוסר שוויון, ומביאה לכך שיש אנשים חסרי כישרונות וכישורים שכוחם להשפיע על חברה גדול מן הראוי.

המשפחה איננה יעילה במיוחד גם בתחום ההולדה. מנקודת המבט של הביולוגיה יש למשפחות יתרון: שימור מאגר גנטי מגוון. אולם משפחות מביאות להולֶדת מספר גדול של אנשים הסובלים מלקויות, וכמובן, אפילו תהליך הולדת הילדים וגידולם בתוך מסגרת המשפחה אינו נוחל הצלחה תמיד.

הקשרים הרגשיים והפרקטיים בתוך המשפחה עלולים לפגוע גם בהתפתחות האישית. הטיפול בילדים ועול הפרנסה, החובה להקדיש תשומת לב לבני הזוג, ניהול משק בית – כל אלה הם מקור לסיפוק רגשי, אך הם גם גוזלים כמות ניכרת של זמן וכוחות. קשה מאוד להיות סופר דגול או עובד ה׳ נלהב או אפילו לגדל טרנטולות אם המשפחה אינה רואה את העיסוקים האלו בעין יפה.

מסיבות אלה ניסו חברות רבות לפגוע בכוחה של המשפחה או לפחות להחלישו. גם כאשר הניסיונות לא חלו על כל האוכלוסייה שאפו שלפחות חלקים מן האוכלוסייה יהיו אנשים בלא משפחה. העבדות לא הייתה רק ניצול של כוח עבודה זול, היא הייתה גם ניסיון מכוון ושיטתי לפרק משפחות כדי להגביר את יעילות העובדים. מפתיע לדעת שבימי הביניים היו אפילו צבאות מעולים, כגון הממלוכים במצרים, שהחיילים בהם היו עבדים.

הנוהג הרווח להחזיק סריסים היה דרך נוספת להבטיח את קיומם של אנשים בלא קשרי משפחה. הסריסים היו שומרי ההרמונות ונוסף על כך שימשו חיילים ומפקדים בצבא, ואפילו

כיהנו בתפקידים פוליטיים חשובים.[1] גם הקמת מסדרי נזירים וחובת הפרישות החלה על כוהני דת – מוסדות הקיימים בארצות רבות, מן המערב ועד למזרח הרחוק – היו אסטרטגיות שנועדו ליצור קבוצות אליטה שאינן מורכבות ממשפחות. זו הסיבה לכך שהיניצ׳רים – עילית האימפריה העות׳מאנית בשיא פריחתה – היו עבדים ונדרשו להתנזר מיחסי מין. בדיעבד התברר שהקלת חוקי הפרישות הייתה אחד הגורמים שהביאו להיחלשות מעמדם. במרוצת הדורות ניסו משטרים טוטליטריים לפרק את מסגרת המשפחה של העבדים שהחזיקו, של העמים הנתונים למרותם ואף של בני עמם.[2]

אין ספק שמשפחות חסינות מפני ניסיונות תמרון ומניפולציה יותר מפרטים חסרי משפחה. השגת מטרות מסוימות מחייבת אפוא להרוס את התא המשפחתי. לפעמים הדחף להרוס את המשפחה או לברוח ממנה, מקורו באדם עצמו. ברבות מן החברות הרס התא המשפחתי נובע בעיקר משאיפתו ההולכת וגוברת של הפרט לבקש את אושרו באין מפריע.

למרות כל הניסיונות למוטט את המשפחה שנעשו במהלך ההיסטוריה, נראה שיחידה עתיקת יומין זו – דווקא משום שהיא ראשונית כל כך וטבועה עמוק בתוכנו – עומדת בפרץ בגבורה. המשפחה היא יחידה בסיסית כל כך שהיא אינה נחלת המין האנושי

1. דוגמאות בולטות לכך הן הגנרל הביזנטי נַרְסֶס (574–480) או המסורת למנות סריסים לעמדות בכירות, שהייתה קיימת בסין במשך זמן רב: מן העת העתיקה ועד סוף ימי הקיסרות הסינית במאה העשרים. בתקופות מסוימות גם בפרס העתיקה וברומא ניצבו סריסים בעמדות שלטון בכירות.
2. תיאור ספרותי טוב של מדינה ממין זה מצוי בספרו של אלדוס האקסלי משנת 1932, **עולם חדש מופלא**, זמורה ביתן, 1985.

בלבד: גם ליצורים רבים אחרים יש משפחות. יתרה מזו: הן אינן מצויות רק בקרב בעלי חיים מפותחים מאוד אלא גם בקרב יצורים פשוטים יחסית כמו הציפורים.

העובדה שהמשפחה איננה תופעה אנושית ייחודית מוכיחה שהיא אינה מושג או הבניה חברתית מלאכותית ותו לא, אלא דבר טבעי. אומנם היא לא־רציונלית ולא־יעילה, מקור לבעיות ולאי־נוחות, אבל היא מוסיפה להתקיים משום ששורשיה נעוצים עמוק מן ההיגיון. אפשר להקהות את האינסטינקטים שלנו וכך לשבור את אחיזתם בנו, אך אי אפשר להיפטר מהם לחלוטין. כאשר התרבות ורוח הזמן מאפשרות קיום ללא קשרי משפחה אנשים רבים מאוד יכולים לחיות כך, אך רוח האדם ככלל תמשיך לדבוק בקשרים האלה. אופנות חברתיות הן בנות חלוף מעצם טבען, אך לא כן האינסטינקטים.

נראה שראשיתה של המשפחה בצורך פשוט ביותר: הצורך בקשר מיני. משיכה מינית היא דחף ביולוגי חזק מאוד שקיומו ידוע לנו היטב, אף על פי שאיננו מבינים אותו לגמרי. אולם המשיכה המינית כשלעצמה אינה מביאה בהכרח להיווצרות משפחה. אין ספק שהיא מסייעת להביא לידי הגשמת תכליתה – ההזדווגות – אך בין שהקשר המיני נמשך רגע קט ובין שהוא נמשך פרק זמן ארוך יותר, הוא מסתיים כאשר התשוקה באה על סיפוקה. קשרים שזו תכליתם היחידה אינם יוצרים משפחות, לא בעולם בעלי החיים (כך קורה אצל רוב הדגים והזוחלים) ולא בעולם בני האדם.

תא משפחתי מתחיל להיווצר כאשר הקשר בין ההורים נמשך לשם גידול הצאצאים. ביסודו של דבר מדובר באינסטינקט, בדחף נפרד שאינו קשור ליצר המין כלל. זכר הציפור המחפש מזון בשביל

הנקבה וגוזליהם או הלביאה הצדה טרף בשביל גוריה אינם מונעים מכוח יצר המין.[3] במקרים רבים קשר המשפחה זמני, הוא נמשך רק עד שהדור הצעיר לומד להתקיים בכוחות עצמו. משפחות כאלה נוצרות ומתפרקות ושבות ונוצרות לפי יד המקרה או לפי חוקי הברירה הטבעית, אך אין להן המשכיות. יתר על כן: לא כל המשפחות הן מונוגמיות – בעולם בעלי החיים או בעולם בני אדם. הירגזים למשל חיים ואף נודדים בדרך כלל בקבוצות הכוללות זכרים או נקבות בלבד, והם יוצרים "משפחות" זמניות רק בעונת הרבייה. התנהגות שכזו אינה אופיינית רק למין זה אלא קיימת גם בקרב מינים אחרים, וגם בני האדם בכלל זה.

נראה אפוא שיצר המין והדחף להעמיד צאצאים, אינם מספיקים ליצירת משפחה אפילו אצל בעלי החיים, ווודאי שלא בקרב בני האדם. אין ספק ששימור המין הוא צורך חשוב, ואומנם במקרים רבים הצאצאים הם יסוד מרכזי בתא המשפחתי, אך אין די בכך להגדרת קבוצה "משפחה". יצר המין ויצר הרבייה יכולים להתקיים בנפרד, מחוץ לתא המשפחתי. המשפחה כוללת אפוא את היסודות האלה, אבל יש בה יותר מכך.

יסוד הקביעות, כלומר קיום המשפחה גם כאשר יצר המין או גידול הצאצאים אינם מעסיקים עוד את בני הזוג, הוא אחד מסימני ההיכר של המשפחה. משפחות קבועות כאלה אינן קיימות רק בקרב בני האדם; כמה מינים של חיות וציפורים יוצרים קשרי משפחה חזקים הנמשכים שנים רבות, ובמקרים מסוימים אפילו כל החיים (אצל הברבורים והאווזים למשל).

3. גם העובדה ש"הפועלים" חסרי המין בקרב החרקים החברתיים מטפלים ב"אחיהם" ומאכילים אותם היא הוכחה חותכת לכך שהדחף לטפל בדור הצעיר אינו קשור למיניות כלל.

בכמה מינים של ציפורים חברתיות (כגון קָאקים) אפשר לראות דוגמאות מובהקות לדפוסי התנהגות שאנחנו תופסים כהתנהגות ״אנושית״: הם חוברים לזוגות קבועים, מעמדם החברתי משתנה עם ״נישואיהם״, ויש אצלם אפילו תקופת ״אירוסין״ – פרק זמן מסוים בין יצירת הקשר להזדווגות שבמהלכו הזכר והנקבה מבלים יחד ונחשבים לזוג בעיני שאר חברי הקבוצה. מתברר שאפילו פרטים מסוימים של מבנה התא המשפחתי, הנחשבים בדרך כלל למוסכמות חברתיות, טבועים עמוק מאוד בתבנית ביולוגית כללית. נוסף על כך, בני התא משפחתי – בני זוג, הורים וצאצאים, אחים או קרובים רחוקים יותר – מעניקים זה לזה סיוע והגנה מעל ומעבר לנורמות המקובלות בקבוצה שהם שייכים אליה.

כל הדברים שנאמרו עד כה מתארים את המשפחה מבחוץ, מנקודת המבט של הביולוגיה או הסוציולוגיה. מהם אפוא היסודות הפנימיים, השכליים־רגשיים, המביאים להיווצרות המשפחה ויכולים לשמש להגדרתה?

יש בתודעתנו דימויים רבים של המשפחה, וכמה מהם סנטימנטליים מאוד. התפיסה הרומנטית הרווחת ביותר היא שהמשפחה היא מרחב שיש בו אהבה הדדית. במקרים רבים כל בני המשפחה אכן נהנים זה מחברת זה ומחבבים ואף אוהבים זה את זה, אולם אין ספק שקרבת דם אינה מלווה תמיד באהבה. התחושה ש״דם סמיך ממים״ יכולה להיות חזקה ומשכנעת גם כאשר מעט מאוד אהבה נלווית לקשר הדם. במקרים רבים האהבה שאנשים רוחשים לאנשים שאינם בני משפחה – חברים, חברי קבוצה שהם שייכים לה, בני אותה דת וכיוצא באלה – חזקה בהרבה מאהבתם לבני משפחתם. על פי רוב האהבה הארוטית עזה הרבה יותר מהאהבה לבני המשפחה, אף על פי שאינה יציבה כמותה.

לעיתים קרובות למדי בני המשפחה אינם מחבבים זה את זה כלל. אומנם תחושה זו אינה נחלת הכול, אך היא שכיחה למדי. היא משמשת הוכחה שהמשפחה, ואפילו הקשרים בתוך המשפחה הקרובה, אינם מבוססים על האהבה לבדה.

אף על פי שלא תמיד יש במשפחה אהבה הדדית, קרבה ותחושת "יחד" הן סימני היכר מובהקים שלה. לתחושת ה"יחד" מקור כפול. במבט שטחי נראה שהוא נובע מהימצאות במחיצת בני המשפחה במשך פרק זמן ארוך. אולם קרבה פיזית רבה אינה ערובה לאהבה – אדרבה, לפעמים היא מובילה לתוצאה ההפוכה; אך אין ספק שהיא מובילה להיווצרות קשר מיוחד.[4] כאשר אנחנו מכירים מישהו מינקות (שלנו או שלו) נוצר בינינו קשר חזק, והוא מתחזק עוד יותר בזכות ידיעתנו שהוא לא יינתק לעולם.

יש סיבה נוספת, פנימית יותר, לתחושת ה"יחד" האופיינית למשפחה: בני משפחה אחת דומים זה לזה דמיון גנטי, ולכן הם דומים זה לזה גם בגוף ובנפש. הדמיון הזה כשלעצמו מוליד הבנה הדדית עמוקה.[5] לא תמיד שוררת בין בני משפחה אהבה הדדית, משום שלא פעם אנו נוטרים טינה לבני משפחתנו בגלל ביקורת עצמית, שלפעמים אנחנו מודעים לה אך על פי רוב היא נסתרת מעינינו. אנשים רבים שמבקרים בחריפות את האבות שלהם, למשל, מגלים יום אחד שהם דומים להם מאוד, ושהפגמים של הוריהם

4. אפשר לראות זאת למשל כאשר מתבוננים בקרובי משפחה – אפילו מדרגת קרבה ראשונה – שלא עמדו בקשר זה עם זה מסיבה כלשהי. מבחינה פורמלית אמורה להיות ביניהם מערכת יחסים קרובה ביותר, אך בפועל מבחינה רגשית אין ביניהם קשר כזה.

5. תאומים, ובעיקר תאומים זהים, הם דוגמה מפורסמת לקשר קרוב מסוג זה, גם כאשר הם אינם גדלים יחד.

שמפריעים להם כל כך מצויים גם אצלם. שני הפנים האלה של הקרבה הם מאפיין פנימי־רגשי חשוב של המשפחה.

למרות חשיבות התכונות הפנימיות והחיצוניות האלה, המאפיין המכריע של המשפחה הוא היותה מבוססת על חוזה. גם כאן הדברים אמורים הן במשפחות של בני אדם הן במשפחות של בעלי חיים. לבני המשפחה יש מערכת יחסים מוגדרת היטב המתארת את התחייבויותיהם ההדדיות, ומחויבות הדדית זו היא לב ליבה של המשפחה. רומן או מפעל רבייה יכולים להתקיים בלי מחויבות, אבל לא כן משפחה. הגדרה כזו למשפחה נראית אולי קרה, מרוחקת, לגליסטית וטכנית, אך לאמיתו של דבר, לא זו בלבד שהיא מעוגנת במציאות אלא שהיא גם מצביעה על הדבר שיכול לשמש הבסיס היציב ביותר למשפחה.

כמובן, המונח חוזה הוא המצאה אנושית. לבעלי החיים אין שפה לנסח בה מחויבות משפטית, וכן אין להם בתי משפט היכולים לאכוף אותה או דרך להעלותה על הכתב. ולמרות יכולתנו לכתוב חוזים, גם מרבית ההסכמים בין אנשים אינם נכתבים ואפילו אינם מוגדרים בפירוש. יש לשער שמשפחה בת שתי ציפורים או שני קופים מבוססת על הבנה הדדית, על הסכם לא־מפורש בדבר הקשר ביניהם, ובני המשפחה שומרים את תנאי ההסכם אף שלא נאמרו. עם זה, אפילו מערכת יחסים מסורתית – קשר בין בעל לאישה המוגדר בחוזה כתוב – יכולה להשתנות מאוד במרוצת הזמן, ולא רק בחלוף הדורות אלא גם בימי חייה של משפחה אחת. אולם כל עוד יש הסכם הדדי ששני הצדדים מקבלים ומקיימים את תנאיו, המשפחה מוסיפה להתקיים. כל שאר הדברים הם בגדר תוספות אפשריות ואינם תנאי הכרחי לבניית משפחה ולשמירה על קיומה.

יהיו פרטי החוזה המשפחתי אשר יהיו, תמיד הוא מבוסס על אמון הדדי. שום משפחה אינה יכולה להתקיים אם אחד מבניה

מפחד פחד מוות שבן משפחה אחר יפגע בו. לעכבישים אין משפחות משום שנקבת העכביש מנסה לטרוף את הזכר. מנגד, שני זאבים החיים בצוותא הם חיות פרא ויש בכוחם לפצוע זה את זה אנושות. משמעות היותם זוג היא שיש ביניהם הסכם שלא לעשות כן אלא להילחם לתועלת שניהם – גם הגנה הדדית היא חלק חשוב מהחוזה המשפחתי. וכך אף שלא חתמו על שום מסמך משפטי, זכר הציפור מאכיל את הנקבה כאשר היא דוגרת על הביצים, ושני בני הזוג ממלאים את חלקם בהסכם המסדיר את מערכת היחסים.

הינה דוגמה הממחישה את הרעיון: קריאת הכתובה (שבה מפורטים חלק מן החובות החלים על בני הזוג) בקול היא חלק חשוב בטקס הנישואין היהודי. קיומו של חוזה כזה הוא ההבדל בין חיי משפחה ובין רומן. אף שיש לכתובה נוסח מקובל (שעיקרו פירוט חובות הבעל לאשתו), התוכן והצורה יכולים להיות שונים מאוד.[6] הנקודה החשובה היא שהכתובה היא חוזה ארוך־טווח המקובל על שני הצדדים. הנביא הושע הציע תיאור תמציתי של קשר ממין זה: "וָאֹמַר אֵלֶיהָ יָמִים רַבִּים תֵּשְׁבִי לִי לֹא תִזְנִי וְלֹא תִהְיִי לְאִישׁ וְגַם אֲנִי אֵלָיִךְ".[7]

6. למשל: בתוספתא כתובות ד, ז נאמר: "מעשה ביהושע בנו של ר' עקיבא שנשא אשה ופסק עמה על מנת שתהא זנתו ומפרנסתו ומלמדתו תורה. היו שני בצרות, עמדו וחלקו. התחילה קובלת עליו לחכמים, וכשבא לבית דין אמר להם: היא נאמנת עלי יותר מכל אדם. אמרה להם: ודיי, כך התנה עמי". בנו של רבי עקיבא הביא את אשתו לבית הדין כדי ליישב כמה עניינים כספיים. הוא אמר לבית הדין שאין ביניהם מחלוקת, ונתן לה לומר את דברה. מדברי אשתו עולה כי חוזה הנישואין ביניהם קבע שהוא יישא אותה לאישה בתנאי שהיא תזון אותו, תדאג ללבושו ותלמדו תורה. אין ספק שמדובר בחוזה נישואין בלתי שגרתי, ובכל זאת הוא תקף לחלוטין.

7. הושע ג, ג.

יסוד מרכזי זה של המשפחה אינו קיים בין בני זוג בלבד אלא גם בין הורים ובין ילדיהם ובין אחים. אנשים אינם הופכים למשפחה משום שהם אוהבים זה את זה או משום שההורים האלה הולידו את הילדים האלה, אלא מפני שהם מבינים את מחויבויותיהם זה לזה ומקיימים אותן.

חשוב לזכור שבעשרת הדיברות לא נאמר "אהוב את אביך ואת אמך". אומנם הורים רוצים מאוד שילדיהם יאהבו אותם ויש מהם הדורשים זאת מילדיהם ואפילו יורדים לחייהם אם אינם חושבים שהם מפגינים אהבה במידה מספקת. אולם איננו מְצֻווים לאהוב את הורינו; התורה מצווה "כַּבֵּד אֶת אָבִיךָ וְאֶת אִמֶּךָ".[8] טוב מאוד אם שוררת אהבה במשפחה, אבל התורה מצווה רק לכבד את ההורים – במילים אחרות, לקיים את ההתחייבויות הפורמליות והלא־פורמליות של ילדים להוריהם. הוא הדין באחים; המחויבות ההדדית היא לב ליבו של הקשר המשפחתי, הרבה יותר מהאהבה או מהקשר הביולוגי.

חשוב להדגיש את הנקודה הזאת, משום שהתקופה והתרבות שאנחנו חיים בה ממירות את המחויבות באהבה במקרים רבים. בהשפעת הספרות הרומנטית ומסיבות אחרות, אנו נוטים לחשוב שהמשפחה נוצרת מן האהבה. אומנם בזכות האהבה המשפחה היא דבר נפלא, אבל שמירת הכללים – יהיו אשר יהיו, ואומנם הם שונים מתרבות לתרבות וממשפחה למשפחה – היא הדבר המאפשר את קיום המשפחה.

משפחה שיסוד קיומה הוא הרגש, ויהיה הוא עז ויציב ככל שיהיה, מושתתת על בְּדָיָה. האהבה הרומנטית היא מניע שכוחו עצום;

8. שמות כ, יב.

אנשים חושבים וחולמים עליה, ולפעמים אפילו מתים בשבילה. אולם חלק ניכר מהאהבה הרומנטית הזאת מבוסס על קלישאות שהתרבות המציאה ועל תגובות כימיות בנות חלוף. אהבה המתעוררת ולפעמים אף ממשיכה להתקיים בגלל אף מחוטב או רגליים יפות אינה אמיתית דיה ותתפוגג כעבור זמן מה. לה רושפוקו כתב שאלמלא הרומנים הרומנטיים, אנשים רבים לא היו מתאהבים לעולם.

קשרי משפחה המבוססים על אהבה בלבד מבטאים תפיסה בלתי מציאותית של בני המשפחה ושל הקשר ביניהם. אצל מי ששפר עליו גורלו האהבה הרומנטית מתחלפת באהבה יציבה יותר (אם כי זוהרת פחות) לבן הזוג, אהבה הכוללת גם יסודות נעימים פחות: השלמה עם פגמיו והתחייבויות. אם האהבה הזאת אינה מתפתחת, המשפחה נשארת בבחינת סיפור בדיוני, וימיה ספורים. גורלה של משפחה שנבנתה מלכתחילה על יסוד תפיסות לא־מציאותיות הוא לקרוס לנוכח מצוקה כספית, רגשית או חברתית או שבני הזוג ידמיינו שהם אוהבים אדם אחר, שאינו שייך למשפחה.

בד בבד עם התגברות השפעתה של הבדיה הזאת בחברה, יציבות התא המשפחתי הולכת ונחלשת. החלום נגוז עד מהרה, ואת מקומו תופסים רומן שאינו דמיוני פחות מן האהבה המקורית או אדישות גמורה. לפעמים כוח האינרציה או שיקולים מעשיים שונים מאריכים את ימי הקשר עד גבול מסוים, אבל הבעיות והלחצים שסופם להגיע עתידים למוטט בסופו של דבר. אפשר לראות משפחות מתפרקות בזו אחר זו כאשר הן נדרשות להתמודד עם קושי.

עול המחויבות הזאת אין פירושו שאנחנו מוכרחים לסבול תמיד בהיותנו במשפחה. אדרבה, אפשר ליהנות מאוד מן המשפחה. ההימצאות בחברת בני המשפחה יכולה להיות חוויה נהדרת; אפשר לשאוב מהם שמחה ואושר, והאהבה מקנה לחיים משנה יופי. אולם

מציאות מאושרת כזו תלויה בסדר קדימויות נכון ובעשיית הדברים כסדרם. יסוד המחויבות ההדדית הוא הקרקע שבתוכה כל הדברים האחרים – אהבה, תמיכה רגשית והנאה – יכולים לצמוח, אך היא אינה יכולה לצמוח מתוכם. ככל שתשכיל המשפחה להבין שהכללים וההסכמים הם יסוד קיומה, כך תגבר יציבותה.

בכל יחידה חברתית – והמשפחה איננה יוצאת מכלל זה – חילוקי דעות סביב דברים רבים, רוב הדברים או אפילו כולם יכולים להתגלע. למרות זאת, כל עוד דבקים בני המשפחה בכללי היסוד של הקשר, הוא יוסיף להתקיים. השתייכות למשפחה בכל תפקיד שהוא – ילד או הורה, אח או בן זוג – אינה שוללת את היכולת או את הרצון – לפעמים הפיתוי העז – לריב מריבה טובה. אומנם מריבות אינן אחד התנאים ההכרחיים לקיומה של משפחה, אך נראה שבני משפחה מרגישים שריב בריא מעת לעת נחוץ לא פחות ואולי אף יותר מן האהבה.

מריבות בתוך המשפחה דומות לדו־קרב המתנהל לפי כללי הטקס: אתה מנסה לדקור אותי, אני מנסה לדקור אותך; אתה אומר עליי דברים רעים, אני אומר עליך דברים רעים. אולם שני הצדדים יודעים שאיש לא ינחית מהלומת מוות. מריבה משפחתית יכולה להיות מרה מאוד, אך תמיד עומדת ביסודה ההבנה והידיעה שההסכם הבסיסי עודנו קיים. במובן מסוים המריבה היא מבחן לכוחו של ההסכם הזה. לא תמיד המריבה נעשית בבדיחות הדעת; לעיתים הצדדים רבים ברצינות תהומית, וכל המעורבים נפגעים עד עמקי ליבם. אבל היא לא תמוטט את הקשר. אם רק תינתן להם ההזדמנות, אחים תמיד יריבו זה עם זה, בלי יוצא מן הכלל כמעט, אבל המריבה כמוה כאמירה: "מותר לי להרביץ לאחי וזה מגיע לו, אבל אקריב את חיי כדי להגן עליו מפני כל אדם אחר".

כאשר התא המשפחתי יציב, הוא מסוגל להכיל את כל המריבות המתחוללות בתוכו; אם המסגרת נחלשת, המריבה מבשרת בדרך כלל את קץ הקשר ואת פירוק המשפחה. כשבני משפחה המבוססת על תמונה לא־מציאותית רבים הם אינם אומרים עוד: ״יש בינינו חילוקי דעות, אבל אנחנו עדיין בני משפחה אחת״; בני משפחה כזאת אומרים: ״יש בינינו חילוקי דעות, ולכן איננו יכולים להמשיך להיות ביחד״.

היום מדברים הרבה על ״ערכי המשפחה״, אבל לאילו ערכים הכוונה? ערכי המשפחה אינם אלא אותם הסכמי יסוד המסדירים את ההתנהגות האישית והבין־אישית בתוך המשפחה. ביסודו של דבר הם אותם ערכים המבטיחים את התנהלותה התקינה של כל חברה. כל היחידות החברתיות מבוססות על הסכם כלשהו, בין שההסכמה מפורשת ובין שהיא הסכמה שבשתיקה. ההסכמה מאפשרת לחברה לתפקד, מן המבנים החברתיים הגדולים ביותר ועד ליחידה הבסיסית מכולן – המשפחה.

תיאור זה של המשפחה הוא יותר ופחות ממה שאנשים מצפים לשמוע: פחות – מפני שאין בו שום השתפכות סנטימנטלית; יותר – משום שיחסו למשפחה רציני מאוד והוא אינו משלים עם הצגתה כדבר שאנשים משתעשעים בו יחד במשך פרק זמן קצר או ממושך. המשפחה היא תולדה של כללים וכלי לביטויים, גם אם הכללים אינם כתובים תמיד. היא אינה ציווי דתי או מוסרי, משום שהיא קיימת גם בקרב בעלי החיים.

המשפחה היא אפוא קשר עמוק שיש בו הרבה מעבר לגחמות רגשיות, לדחפים או לסערות נפש. בני המשפחה קשורים בעבותות המחויבות, הם קשורים זה לזה בידיעה שהם יכולים לסמוך זה על זה. רק המחויבות הנובעת מחוזה שאי אפשר להפר יכולה לשמש בסיס איתן למשפחה.

אהבה

המילה "אהבה" משמשת בהקשרים רבים ושונים; יש לה שפע קונוטציות והיא מקיפה מגוון רחב של רגשות – מגחמה קלת ערך ועד לרעיונות פילוסופיים נשגבים. כולנו חושבים שאנחנו יודעים מהי אהבה, אבל דווקא משום שמרבים כל כך לומר את המילה בהקשרים רבים כל כך, משמעותה נעשית מטושטשת, עמומה ואפילו ריקה מתוכן. המילה אהבה משמשת לתיאור אהבת ה׳, אהבת המולדת, אהבת בן זוג, אהבת הילדים ואהבה לדג מלוח, אף על פי שברור לכול שאלה רגשות שונים. גם הביטוי "לעשות אהבה" מתאר פעולה שאינה קשורה בהכרח לאהבה או אפילו לכל רגש אחר.

למילה "אהבה" שימושים רבים, ולא כולם מדויקים. הרגשות שמתארים בה נעים בין השפלים ביותר לנעלים ביותר ושונים זה מזה בעוצמתם: מנטייה קלה מאוד ועד תשוקה סוחפת. משום כך יש לפתוח את הדיון במילה זו בהגדרה הפשוטה והרחבה ביותר.

המרכיב הראשון באהבה מכל סוג שהוא הוא התחושה שאכפת לנו. איננו יכולים לאהוב משהו אם לא אכפת לנו ממנו. היפוכה

האמיתי של האהבה אינו שנאה כי אם אדישות. אין ספק, האהבה והשנאה מושכות בכיוונים הפוכים: האהבה היא משיכה כלפי מושא רגשותינו והשנאה היא דחייה מפניו. אך הן האהבה הן השנאה ראשיתן ברגש כלשהו. הרגש הזה איננו בהכרח קבוע: אנחנו יכולים להתנודד בין אהבה לשנאה, אך ביסוד היחס עומדת התחושה שאכפת לנו. רק כאשר עולם הרגש מעורב ביחסנו לאדם או לדבר הרגשות הספציפיים – חיוביים או שליליים – יכולים להתפתח. זו הסיבה שלעיתים רגשות האהבה והשנאה מעורבים זה בזה.

במקרים רבים המעורבות הרגשית מתהפכת על פיה: אהבה בוערת יכולה להפוך לשנאה יוקדת, כפי שקורה לא פעם כאשר האהבה נכזבת. גם הקנאה היא דוגמה שכיחה לאהבה עמוקה שנהיית לשנאה בוערת. כדברי הפסוק בשיר השירים: "עַזָּה כַמָּוֶת אַהֲבָה קָשָׁה כִשְׁאוֹל קִנְאָה".[1] גם ההתפתחות ההפוכה אפשרית, ושנאה יכולה להפוך לאהבה. בין שכך ובין שכך, כל הרגשות האלה נובעים מהתחושה שאכפת לנו ממשהו. לעומת זאת, כאשר הרגשות אינם מעורבים עוד, כאשר לא אכפת לנו, מושא הרגש נעשה חסר משמעות, ואיננו אוהבים או שונאים אותו. האדישות היא מהלומת מוות לכל קשר רגשי.

אומנם התחושה שאכפת לנו היא יסוד האהבה, אך אין היא האהבה עצמה. התחושה שאכפת לנו מדבר או מאדם יכולה להתפתח בכיוונים שונים. היא יכולה להפוך לרגש כבוד או הערכה, כפי שקורה לפעמים בעת מפגש עם אנשים או בשעת בחינת עניינים חשובים. אנחנו יכולים לרחוש כבוד למדע הביופיזיקה או להעריך פילוסוף דגול; המפגש איתם מעורר תגובה רגשית כלשהי, אך לא

1. שיר השירים ח, ו.

אהבה. מנגד, לפעמים אכפת לנו מדברים מסוכנים או מזיקים, כמו תהום בצד הכביש או נמר בסבך. גם במקרה זה תגובה רגשית מתעוררת – פחד וניסיון לחמוק מסכנה – אבל רגשות אלה אינם שנאה.

אנחנו חשים אהבה כאשר התגובה הרגשית אינה בבחינת הערכה אובייקטיבית בלבד אלא יש בה התקשרות אישית, כאשר מושא הרגש איננו רק "דבר" או "אדם" הנמדד כשהוא לעצמו אלא אנחנו מעורבים בהערכתו. תכונות גופניות מסוימות וכן כמה תגובות שכליות ורגשיות מצויות אצל כל בני האדם. נראה שמידה מסוימת של מעורבות רגשית טבועה בנו מעצם קיומנו. אולם האהבה מצויה במישור אחר; נראה שהאהבה היא דבר שאנחנו צריכים ללמוד. בראשית התפתחותם ילדים מודעים רק לעצמם ואכפת להם מעצמם בלבד, משום שקיומו של העולם החיצון אינו ברור להם דיו. כאשר הם גדלים הם מתחילים לגלות את הזולת, תחילה כהשתקפות שלהם עצמם ואחר כך כישות נפרדת. כאשר הם רואים יצור השונה מהם ודומה להם בעת ובעונה אחת הם מתחילים לרקום מערכת יחסים; מתחיל להתעורר בקרבם רגש כלפי הזולת.

אף אם היכולת לאהוב מולדת, לא תמיד היא מתפתחת. לעיתים יש צורך בזמן ובניסיון חיים לשם כך. התחושה שאכפת לי יכולה להפוך לחמלה, וכאשר החמלה גדלה גם המעורבות הרגשית מעמיקה והופכת לרגשות אהבה.

האהבה היא אפוא רגש של משיכה לאדם או לדבר, מושא האהבה או האהוב, אולם תחושת המשיכה אינה רגש פשוט וחד־ממדי. בגלל השוני הרב באופיים של הבריות, בשל מושאי האהבה השונים ובגלל העמימות האופפת את המושג, אנחנו מכנים בשם "אהבה" סוגים רבים ושונים של מערכות יחסים.

יש מעשייה יהודית הממחישה את עמימותה הגדולה של משמעות המילה "אהבה" ומדגישה כמה מבעיות היסוד הגלומות באמירות כמו "אני אוהב אותך". כך מסופר במעשייה: דייג אחד העלה בחכתו זאב מים גדול. בראותו את גודל הדג אמר: "נפלא! אתן אותו לברון, הוא אוהב מאוד זאבי מים". הדג המסכן אמר בליבו: "עוד לא אפסה התקווה". הדייג הביא את הדג אל אחוזת הברון, והשומר בשער שאל אותו: "מה יש בידך?" "זאב מים". "נהדר", אמר השומר. "הברון אוהב זאבי מים". הדג חש שאומנם גורלו לא נחרץ. הדייג נכנס לבית האחוזה, ואף שהדג כבר התקשה מאוד לנשום, עדיין היה מלא תקווה: הלוא הברון אוהב זאבי מים! הוא הובא אל המטבח, וכל הטבחים קראו בשמחה שהברון אוהב זאבי מים. הניחו את הדג על שולחן, והברון בכבודו ועצמו נכנס לחדר והתחיל להנחות את הטבחים: "הסירו את הזנב, הסירו את הראש וחתכו את הדג כך". בנשימתו האחרונה זעק הדג במר ייאושו: "מדוע שיקרת? אינך אוהב זאבי מים, אתה אוהב את עצמך!"

הדג האומלל נתקל בבעיה לשונית־פילוסופית: הוא התבלבל בין שני מובנים שונים של פועל אחד. כעת יש לשאול: האומנם שני המובנים האלה שונים מאוד זה מזה? האין בני האדם טועים טעות זו ממש כאשר הם חושבים ומדברים על אהבה? יש "אהבת דגים" ויש "אהבה", ואין ספק ששתי האהבות אינן היינו הך: השפעתן שונה, וחשוב מכך – הרגשות עצמם שונים.

סוגי האהבה השונים נבדלים זה מזה בכמות – כלומר בעוצמת הרגש – וחשוב מכך, באיכות. האהבות השונות נבדלות זו מזו הן במושא האהבה הן ברגש עצמו. בדרך כלל אנשים מבחינים בין סוגי האהבה השונים באופן אינסטינקטיבי, אך כאשר הם מתבלבלים ביניהם התוצאה מגוחכת, משונה ואף מעוותת. לעיתים קרובות

אדם מאוהב נקשר גם לחפצים השייכים למושא אהבתו. אולם אם הרגש כלפי נעל השייכת לאהוב זהה לרגש כלפי האהוב, ניכר שיש כאן סטייה.

אך למרות כל השוני בין האהבות, יש להן גם הרבה מן המשותף. כל רגש אהבה כולל רגש חיובי עז ומשיכה עזה אל מושא האהבה, בין שהוא אדם בין שהוא רעיון או חפץ דומם. המשותף לאהבה שרוחשים לאדם אחר ול"אהבת דגים" – ולמעשה, לכל סוגי האהבה, מהנשגבת ביותר ועד לפשוטה והפרוזאית ביותר – הוא קיומם של שלושה מרכיבים: האוהב, רגש האהבה והאהוב. טיבה של האהבה תלוי בכל מרכיב כשלעצמו ובקשרים ביניהם.

האהבה הנשגבה ביותר היא אהבה שרוב האנשים אינם יכולים לדבר עליה אלא דיבור תאורטי בלבד. משוררים ופילוסופים כותבים עליה, אנשים מאוהבים מדברים עליה ורבים אחרים כמהים לה, אבל רובנו לא חווינו אותה מעולם. אהבה זו היא אהבה שכל כולה ממוקדת באהוב; אחת היא לאוהב אם יפיק תועלת או הנאה מן האהוב. הרחף הרגשי והאושר שבאהבה טמונים ברגש האהבה עצמו. אני אוהב משהו ואני אוהב אותו כפי שהוא, פשוט משום שהוא קיים. אינני מבקש לעצמי בעלות עליו, ואפילו אינני מצפה לתגובה מצד האהוב. לפעמים משאלתו היחידה של האוהב היא להיות קרוב ככל האפשר לאהוב. באהבה נשגבה יותר אפילו השאיפה הזאת אינה קיימת, משום שהאהבה היא פשוט השמחה על קיומו של האהוב, ודי בכך.

דוגמה לאהבה כזו היא ההתפעמות שאנחנו חשים למראה הר יפה. אינני זקוק לתגובת ההר, אינני רוצה שהוא ישיב לי אהבה. גם אינני רוצה לקחתו איתי. יעמוד ההר במקומו. אני יכול להתפעל ממנו ואפילו לחוש אהבה עזה, אבל אינני שואף להחזיק בו ואינני רוצה לקבל מן ההר דבר בתמורה.

אולם על פי רוב האהבה איננה מרוחקת כל כך. אם אני אוהב פרחים ואני רואה פרח יפה, כיצד ראוי לבטא את אהבתי אליו: האם מוטב לקוטפו או להניחו במקומו? אם אני אוהב באמת ובתמים את הפרח עצמו – את יופיו, את ריחו – עליי להשאירו באשר הוא. כזו היא האהבה שהאהוּב במרכזה. אולם רוב האנשים יקטפו את הפרח, ומעשה זה מעיד שלא די להם לאהוב אותו – הם רוצים שהוא יהיה ברשותם. הם נכונים להשמיד את הפרח כדי ליהנות ממנו. גם זו אהבה, אבל היא אהבה אחרת; במוקד אהבה זו עומד האוהב.

ההבדל בין אהבה שהאהוּב במרכזה ובין אהבה שהאוֹהב במרכזה יכול להיות דק ביותר. העניין מורכב עוד יותר מכיוון שכל אהבה שמעמידה במרכז את האוֹהב עלולה להוביל לפגיעה באהוּב. בסיפור הדג, ברור שאהבתו של הברון לזאבי מים אנוכית לחלוטין ושלא אכפת לו כהוא זה מהדג, מחייו או מטובתו. הוא פשוט אוהב את טעם הדג משום שהוא אוהב את עצמו, ואכילת הדג היא אחת הדרכים שהוא ממֵמש בהן את אהבתו לעצמו. כאשר מדובר בקשרים בין אנשים המצב מורכב יותר, ולא תמיד הדברים פשוטים וברורים. יהא מושא האהבה אשר יהא, תמיד נשאלת השאלה: את מי אני אוהב? האומנם אני אוהב את האהוּב, או שמא אני אוהב את עצמי, והאהוּב משמש אותי כדי לספק את תאוותי?

בעיה זו מוכרת היטב בתחומי האהבה הארוטית או החושנית. האומנם אנחנו אוהבים באמת ובתמים את האהוּב או שמא האהבה אינה אלא תירוץ להשתמש באדם אחר לשם הנאתנו – "אהבת דגים" של ממש? ויש מקרים שבהם קשה עוד יותר לעמוד על טיב האהבה. למשל, אנשים אומרים שהם אוהבים את ילדיהם, אך לאמיתו של דבר הם משתמשים בהם להנאתם. לא מדובר

בהנאה פיזית דווקא; אולי הם נהנים מההתערבות בחיי אחרים ואולי הם מעוניינים במישהו שישמש להם כחיית מחמד. כך או כך, טובתם שלהם ולא טובת ילדיהם עומדת לנגד עיניהם. אם אני זקוק לאהוב ואני מחזיקו ברשותי כדי לספק את צרכיי, האהוּב אינו חשוב לי באמת: חשובה לי רק התועלת שאני יכול להפיק ממנו. בין שההנאה רוחנית בין שהיא חומרית, בין שמדובר ברכושנות גרידא ובין שמדובר בהתעללות לשם הנאה, אם במוקד האהבה התועלת שהאוֹהב מוצא באהוּב עומדת – אהבתו אנוכית ואינה מושלמת.

התבוננות שכזו בטיבה של האהבה עלולה להיות מטרידה ומבלבלת מאוד. רמת הדאגה לאינטרסים האישיים שיש באהבה יכולה לנוע בין רדיפת תועלת חומרית ותו לא ובין בקשת תועלת רוחנית מעודנת ביותר, אך בסופו של דבר השאלה אם אהבתי אינה אלא אמצעי לסיפוק עצמי צריכה להישאל. הגבולות כאן אינם ברורים. לפיכך גם אהבה לאל יכולה לדמות לאהבת הדגים: כאשר הדתיות מבוססת על הצורך לחוש ביטחון, כאשר היא משמשת משענת למי שכושל בדרכו, ובייחוד כאשר התועלת שמפיקים ממנה היא הסיבה העיקרית לה.

בכל אמירת "אני אוהב אותך", תהיה זהות "אני" ו"אתה" אשר תהיה, יש "אני". יש בהכרח עצמי כלשהו המעורב בתהליך – רגש האהבה אינו יכול להתקיים אלא בתוך העצמי. גם כאשר האהבה תובעת קורבן עצמי גדול, עדיין יש עצמי בלב הרגש. האהבה איננה יכולה להיות נטולת תחושת עצמי לחלוטין, משום שמישהו חייב להכיל את הרגש, להרגיש אותו.

איכותו של רגש האהבה, התחושה עצמה, תלויה באופיו של האוֹהב לא פחות משהיא תלויה במושא האהבה. יש אנשים

שהם כשלהבת אש: רגשותיהם מתגברים ומתגברים. לאחרים אין חפץ בסערות, והחיים השקטים עדיפים בעיניהם. בספרי חסידות[2] מתוארים שני סוגי אהבה אלה כך: "אהבה כאש" ואהבה שהיא "בחינת המים". ה"אהבה כאש" מכלה ושורפת את האדם, ואילו "האהבה כמים" מספקת ומרגיעה.

במבט ראשון נראה שה"אהבה כאש" היא התשוקה וה"אהבה כמים" היא מימושה. אבל תמונה זו אינה נכונה בהכרח: שתי האהבות נבדלות בטיב הרגש עצמו. אוהב שאחזה בו "אהבה כאש" עשוי להישרף כליל בגלל חשקו העז להוציא את אהבתו מן הכוח אל הפועל, ודחף זה מאמלל אותו; הוא נשרף מאהבה ואינו מאושר או שמח. יש אנשים שחייבים להרעיף מתנות על אהובם – לא כדי לשחדו או לשלוט בו אלא כדי לבטא את תשוקתם היוקדת. אך התשוקה הולכת וגוברת בד בבד עם ביטויה. במובן מסוים, מתנות ממין זה משרתות בעיקר את נותן המתנה והרבה פחות מכך את המקבל: הנותן חש סיפוק מנתינת המתנה, מהפגנת אהבתו.[3] המרטיריות – מות הקדושים – היא הדוגמה האולטימטיבית לאהבה שאינה יכולה לבוא על סיפוקה עד אשר תהפוך את האוהב לקורבן, משום שהיא רגש המכלה הכול. מנגד, ב"אהבה כמים" די בעצם קיומו של האהוב להסב אושר לאוהב.

כשם שאופי האוהב משפיע על טיב האהבה, גם למושא האהבה תפקיד חיוני בקשר. לא כל האהובים מתאימים לכל סוגי האהבה;

2. ראו **בספר התניא**, פרק ט, ובעוד כתבים רבים של בעל התניא, רבי שניאור זלמן מלאדי.
3. אחד ההבדלים בין מתן צדקה ובין נתינת דברים מתוך אהבה טמון בכך שהצדקה באה לשרת את המקבל; היא קשורה, או אמורה להיות קשורה, לצורכי המקבל.

יש מושאי אהבה שמעצם טיבם כמעט יכולים להיאהב רק כך ולא אחרת. אהבת חפץ יפהפה ואהבת אוכל אינן זהות; אנחנו משתמשים בחפץ היפה ובאוכל בדרכים שונות.

יש אנשים שאהבתם לכסף גדולה עד כדי כך שהם חשים צורך גופני כמעט שיהיה ברשותם כסף. הקמצן שאינו משתמש בכספו כלל שואב סיפוק עצום מעצם הידיעה שיש לו כסף. במקרה זה הכסף הוא אידאה מופשטת. אפשר לומר אפילו שאהבת הקמצן היא אהבה עדינה ביותר; הוא אינו דורש דבר ממושא אהבתו, הוא אינו משתמש בו; הוא פשוט מאושר מקיומו. שמעתי פעם על קמצן זקן שאישה צעירה התגוררה בביתו. הכול אמרו לו שהיא אינה אוהבת אותו אלא את כספו. לכך השיב הקמצן: "כל חיי הוקדשו לצבירת כסף, למחשבות על כסף. דבר מלבד הכסף לא עניין אותי. מה אני? אני כספי, וכספי הוא אני. אם היא אוהבת את הכסף, משמעות הדבר שהיא אוהבת אותי אהבת נפש". הוא הזדהה עם כספו כל כך שהכסף לא היה עוד דבר שברשותו; הוא נהיה לחלק מזהותו.

חכמי התלמוד הבחינו בין אהבה התלויה בדבר ובין אהבה שאינה תלויה בדבר.[4] במקרה של אהבה התלויה בדבר, מימוש האהבה מוביל לא פעם לקיצה. אמנון, בנו של דוד המלך, התאהב נואשות בתמר, אחותו למחצה. הוא קרא לה לחדר משכבו בתואנת שווא, ושם אנס אותה למרות תחנוניה. אז נאמר: "וַיִּשְׂנָאֶהָ אַמְנוֹן שִׂנְאָה גְּדוֹלָה מְאֹד כִּי גְדוֹלָה הַשִּׂנְאָה אֲשֶׁר שְׂנֵאָהּ מֵאַהֲבָה אֲשֶׁר אֲהֵבָהּ. וַיֹּאמֶר לָהּ אַמְנוֹן: קוּמִי לֵכִי".[5] מעשה זה – מקרה היסטורי ספציפי שאירועים זהים לו מתרחשים תדיר – מלמד שבלבול בין הרגשות

4. משנה, אבות ה, טז.
5. שמואל ב יג, א–יט.

השונים יכול להוביל גם לרמייה עצמית. אמנון חשב שהוא אוהב את תמר, אך לאמיתו של דבר הוא חש כלפיה רק תשוקה מינית עזה. הוא רצה דבר מסוים, ואחרי שהשיג אותו נראתה לו תמר מכוערת ומלוכלכת, והוא לא חפץ בה עוד.

״אהבתו״ של אמנון הייתה תלויה בדבר בעליל. אולם במקרים אחרים קשה הרבה יותר להבחין בין אהבת תכונה או מאפיין של האהוב ובין אהבה נעלה ומעודנת יותר לאדם או לדבר עצמו. אם אני אוהב מישהו מפני שהוא יפה, חכם, חזק או משום שניחן בתכונה אחרת, האם אני אוהב את האדם או תכונותיו? האם האהבה נוגעת למהותו של האהוב או למכלול של תכונות שיש לו? לשאלה זו רובד עמוק יותר: האם קיום האהבה תלוי בתכונות מסוימות של האהוב? האם האהבה היא רציונלית, לכל הפחות במובן זה שהיא הולכת וגוברת ככל שתכונות האהוב טובות יותר, ככל שהוא יפה יותר, נדיב יותר וכיוצא באלה? או שמא האהבה עיוורת?

נראה שלא חייב להיות קשר של ממש בין רגש האהבה ובין מושא האהבה. חשבו על האהבה השכיחה ביותר: אהבה עצמית. כמובן, בדרך כלל אהבה ממין זה שונה מהתאהבות באדם אחר. להוציא מקרים פתולוגיים (נרקיסיזם קיצוני), אין בה רגש לוהט. ובכל זאת יש בה כל מרכיבי האהבה: ההתקשרות, המעורבות, הרצון להיענות לכל גחמה של האהוב (שבמקרה זה הוא אני) וכן הלאה. מאחר שהאהבה הזאת טבועה בנו מלידתנו, אין בה גילויי רגש סוערים, בדומה לאהבה לבני המשפחה; ועם זה האהבה העצמית יציבה ומאריכת ימים.

האהבה העצמית היא ראיה משכנעת מאוד לשני היבטים חשובים של האהבה לכל סוגיה. ראשית, האהבה היא עיוורת – או ליתר דיוק, האהבה שוגה באשליות. רוב האנשים אוהבים את עצמם

אף שהם יודעים על עצמם יותר דברים מבישים משכל אדם אחר יוכל אי פעם לגלות. ברוב המקרים האהבה העצמית היא סיפור אהבה שנמשך לנצח, ואף שלעיתים האהבה גוברת ולעיתים היא מתמעטת, היא אינה תלויה בשום תכונות אופי.

בדומה לכך, כאשר אני אוהב אדם, חפץ, תמונה או רעיון מופשט אני עשוי לשגות; ייתכן שרגשות, דעות קדומות או תגובה כימית כלשהי מסמאים את עיניי. ובכל זאת, כל עוד התכונה הדמיונית קיימת בעיניי, כל עוד אני רואה אותה, הרגש נמשך. היופי המדומיין יפה כל עוד אני מדמיין אותו. אנשים שמתאהבים נעשים עיוורים; הם אינם רואים עוד את האף העקום או את תכונות הנפש הרעות של האהוב. במקרה כזה היופי בעיני המתבונן באמת ובתמים. חזיר היבלות חש שחזירת היבלות יפהפייה מאין כמותה. רק כאשר האשליה מתפוגגת אנחנו מבינים שלא היה כאן דבר, שאהבנו אשליה, שלאהבתנו לא היה בסיס של ממש.

ההיבט השני של האהבה שאפשר להכיר מהתבוננות באהבה העצמית הוא הסלחנות. גם אנשים שאינם סלחנים – בגלל דתם או בגלל מזגם – נוחים לסלוח לעצמם ולשכוח כמעט כל דבר רע שעשו. סלחנות אין פירושה שאנחנו מתעלמים מכל הפגמים שבנו אלא שאנחנו יכולים לאהוב את עצמנו למרות החולשות ולמרות רגשות האשם. איך זה קורה? בשלב מסוים, כאשר אנשים מתחילים לפתח את תחושת העצמי, הם מתאהבים בעצמי הזה ומפסיקים להציב לו דרישות; די להם שהוא קיים. האהבה מסלפת את העובדות לעיתים נדירות בלבד; בדרך כלל היא מחפה על פגמים באמצעות שינוי הפרשנות שאנחנו מעניקים להם. איכשהו, כאשר מדובר בי, העובדות אינן נשמעות חמורות או קריטיות כפי שהיו נראות לי אילו היה מדובר באדם אחר.

כשאני אוהב מישהו – ילד, בן זוג או כל אדם אחר – אני רואה את האדם השלם לרבות חולשותיו ופגמיו, אבל הפגמים האלה אינם מפריעים לי. במובן מסוים אפשר להמשיל את הדבר להסתכלות במדחף של מטוס: כאשר הוא מסתובב מהר מאוד אי אפשר לראות את הלהבים; אם אפשר לראות אותם משמע שהמדחף הפסיק לפעול. כל עוד אדם מסתכל על מושא אהבתו ואינו רואה בו פסול – למעט אולי רמז קל שבקלים – הכול תקין. כאשר אדם מתחיל להתמקד בפרטים הוא אינו רואה עוד את האדם השלם, והאהבה אינה יכולה עוד לכסות על הפשעים.

בספר בראשית מתוארת אהבה מסוג מרומם יותר: "וַיַּעֲבֹד יַעֲקֹב בְּרָחֵל שֶׁבַע שָׁנִים וַיִּהְיוּ בְעֵינָיו כְּיָמִים אֲחָדִים בְּאַהֲבָתוֹ אֹתָהּ".[6] במבט ראשון הדברים נראים כפרדוקס – לא רק משום ששבע שנים הן פרק זמן ארוך מאוד, אלא מפני שכאשר האוהב מרוחק ממושא אהבתו כל יום נמשך נצח. ואילו כאן נאמר דבר הפוך: שבע שנים היו בעיני יעקב "כימים אחדים".

אם אהבת הזולת באה לספק את צורכי עצמי, הריחוק ממושא האהבה גורם סבל; ככל שהרגש עז יותר נדמה לי שהזמן חולף לאט יותר. אולם כאשר אני אוהב את הזולת באמת ובתמים רק משום שהוא קיים ולא משום שאני מצפה לקבל דבר מה, שבע שנים ושלושה ימים הם היינו הך. הגמול האמיתי שאני מקבל מן האהבה הוא האהבה עצמה. מערכת היחסים היא שחשובה, לא התועלת שאפשר להפיק ממנה. אהוּב ליבי קיים, ולכן הכול טוב; אינני מבקש דבר בתמורה לאהבתי, לא חיוך ואף לא מבט. אינני מבקש אפילו שאהוּבי ייתן עליי את דעתו. באופן תאורטי, ככל שהאהבה גדולה

6. בראשית כט, כ.

יותר כך היא מתמקדת יותר באהוב ופחות באוֹהב. האהבה האידאלית מתמקדת באהוּב בלבד; האוֹהב חש אהבה ואינו זקוק לדבר בתמורה.

האהבה הנשגבה ביותר, אהבת ה', מתוארת בספר איוב: "הֵן יִקְטְלֵנִי לוֹ אֲיַחֵל".[7] כאשר אני יודע שאתה, ריבונו של עולם, קיים, הכול בסדר – לא משום שהעולם מושלם או שחיי חסרי דאגות או משום שאני עשיר או מאושר בגלל קיומך. הכול בסדר משום שאתה, ה', קיים. דייני בדבר זה כשלעצמו. דבריו הקיצוניים של איוב משמשים הגדרה לאהבה שאינה תלויה בדבר באמת ובתמים.

יש אנשים שכישרון גדול לאהבה טבוע בהם מלידתם, ואילו אחרים צריכים ללמוד כיצד אוהבים מן היסוד – אולי מתוך השלכת אהבת עצמם על הזולת. ויש גם אנשים שהאהבה קשה להם מאוד וכדי להשיגה, ולו במעט, עליהם לחולל שינויים מפליגים במבנה האישיות שלהם. יש אנשים החווים אהבה לרגע קט בלבד. מתי מעט – אולי מי שניחן במתת זו מלידה – רוצים ומסוגלים לאהוב אהבה שאינה תלויה בדבר כלל.

7. איוב יג, טו.

אלוקים

רבים מאיתנו יאמרו בכנות: "הייתי רוצה להאמין באלוקים. אילו רק יכולתי לראות משהו, כל דבר שהוא, שיוכיח שהוא קיים, הייתי מקבל אותו בשמחה ומאמין בו". למרבה הצער, הצדדים של אלוקים שרוב האנשים מסוגלים לראות חסרי פשר או לא־רלוונטיים, ואילו את מה שרלוונטי והגיוני אי אפשר לראות.

בעיה זו בדיוק מוצגת בשיר יידיש בצורה היתולית ועמוקה גם יחד:

שואל הספקן את המאמין:
"מה זה אלוקים? מה זה אלוקים?"
משיב המאמין לספקן:
"חמור שכמותך, חמור חמורתיים,

לית מחשבה תפיסא ביה,[1]
לית אתר פנוי מיניה״[2].

שואל הספקן את המאמין:
״היכן אלוקים? היכן אלוקים?״
משיב המאמין לספקן:
״לית אתר פנוי מיניה,
לית מחשבה תפיסא ביה״.

נראה שפזמון קצר זה מביא את בעיית האמונה באלוקים למבוי סתום. בעיני המאמינים השאלות האלו אינן רלוונטיות, ואילו בעיני הצופים מבחוץ, בעיני מי שאינו בעולם האמונה, התשובות הן שלוקות בחוסר רלוונטיות. אולם שאלה אחרת יכולה להישאל, והיא רלוונטית למאמין ולמי שאינו מאמין גם יחד: במה אתה מאמין או לא מאמין? השאלה הזאת אינה שאלה תאולוגית תאורטית. היא נוגעת לעניין קונקרטי וקרוב מאוד המשפיע על כל בני האדם, בין שהם אינטלקטואלים מתוחכמים ובין שהם אנשים פשוטים ונוחים להתרגש.

אולי הסיבה העיקרית לכך שאנחנו מתקשים לחוש קשורים לאלוקים היא שמטבענו איננו מסוגלים לפתח הבנה סדורה של ריבונו של עולם. למרות מיליוני המילים שנאמרו ונכתבו בזכות קיומו של אלוקים ונגדו, למרות כל התפילות, הסידורים והספרים על עבודת ה׳, חלקים נרחבים מן הדברים שנאמרו בנושא הם בגדר מילים ריקות מתוכן. גם המילה ״אלוקים״ היוצאת מפינו – בתפילות

1. ״אין מחשבה תופסת בו כלל״ – על פי **תיקוני זוהר**, הקדמה, יז ע״א.
2. ״אין מקום פנוי ממנו״ – שם, תיקון שבע וחמשין, צא ע״ב.

הציבור ובבקשות אילמות, בשיחות חולין ובקללות – נטולת משמעות לא פחות. בעיני רוב האנשים משמעותה יכולה להיות כל דבר – ולא כלום.

המקור לכל המבוכה הוא כמובן הנושא עצמו. אנחנו מחמירים את המצב כאשר אנחנו משתמשים במילה אלוקים בלי לחשוב. אנחנו נסמכים על כלים האמורים לסייע לנו בדרכנו אל אלוקים, אבל מתברר שלאמיתו של דבר הכלים האלו הם אבן נגף לרגלינו.

אחד הכלים שאנחנו מרבים להשתמש בו הוא ההאנשה. קשה מאוד לפתח קשר רגשי אל משהו ששונה מאיתנו בתכלית השינוי, ולכן אנו נעזרים בדימויים מואנשים. ביסודו של דבר איננו יכולים לחוש קרבה אלא אל מה שנשקף אלינו מן המראה. אנחנו מתארים את הכול בצלמנו כדמותנו. כיצד אנחנו מבינים אנשים אחרים? אנחנו מחילים עליהם את הידוע לנו על עצמנו. בין שגישה זו טובה ובין שלא, רק כך אנחנו יכולים להבין את הזולת. אנחנו נעזרים בהאנשה – מרוממים את השפל ומשפילים את הרם[3] – כדי להבין את העולם מנקודת המבט של הרגש. אנחנו נוהגים כך בבעלי חיים, בעצים ובחפצים דוממים משום שרק כך נוכל לפתח רגש אליהם.

למשל, אנחנו מדברים על "רגלי ההר". אנחנו יודעים שלהר אין רגליים, אבל דימויו לאדם מחזק את מעורבות הרגש. הוא הדין בחתול שלנו: אנחנו מתייחסים אליו כאל אדם. אפילו לחייזרים ולרובוטים בסרטי מדע בדיוני יש תכונות אנושיות, שאם לא כן נתקשה לחוש קרבה אליהם. קשה מאוד להרגיש משהו כלפי חייזר שנראה כמו אמבה. יצרני המחשבים והמכוניות משלבים קולות אנושיים במכשירים שהם מתכננים. מדוע? אין צורך אמיתי בכך,

3. ראו את פירוש רבי אברהם אבן עזרא לפרק כ בספר שמות.

אבל אנחנו נקשרים לחפצים שיש להם תכונות אנושיות. התגובה הזאת אינה רציונלית, ואפשר שהיא אחת המגבלות שיש לנו, בני האדם, אבל הצורך להאניש טבוע עמוק בתוכנו.

כאשר אנחנו מבקשים ליצור קשר רגשי אנחנו יוצרים דימויים; זו הסיבה לעושר הדימויים שבשירה. ככל שהדימויים רבים יותר כך אנו יכולים לחוש רגשות רבים יותר. נסו לצייר בדמיונכם מכתב אהבה פרי עטו של מתמטיקאי, שעיני האהובה מתוארות בו כאליפסואידים. אומנם תיאור כזה יהיה נכון מבחינה מתמטית, אבל אין לצפות שיעורר רגש חם במוען או בנמענת. אנחנו זקוקים לדימויים; שמור להם מקום של כבוד במורשת הרגשית שלנו, אך הם מוגבלים מטבעם. השירה היא דבר נפלא, אבל אל לנו לצפות שאלוקים יתאים עצמו לדימויים שאנחנו יוצרים.

אל לנו לצפות לכך, ולמרות זאת הציפייה קיימת. דמותו של אלוקים המצטיירת בתודעתם של אנשים רבים כאיש בעל גוף ולבן־זקן היושב על כס מלכות במרומים. ידו האחת אוחזת מקל – ולו בדרך המשל – ובאחרת שקית ממתקים, והוא נותן לנתיניו מזה אף מזה. תוכנן של תפילות רבות ושל תלונות מרות שקול לבקשה לקבל עוד ממתקים ולא לסבול עוד את מכות המקל. יש שיזדעקו ויאמרו שתפיסה כזו אינה אלא דימוי ילדותי שמקומו בגן הילדים, אבל כמה אנשים ממשיכים לפתח את ההבנה הדתית אחרי גיל זה?

משובבת נפש ככל שתהיה תמונת אלוקים כסבא, היא טומנת בחובה את זרעי חורבנה. האתאיסט או האגנוסטיקן המתחיל, בן האחת עשרה או השתים עשרה, הוא מי שאינו מוכן עוד להאמין בתיאור זו של אלוקים, ובצדק. למרבה הצער, מרבית המתבגרים זונחים עם הדימוי הזה גם את האמונה באלוקים. אין להם היכולת

או הרצון לפתח את התיאור הילדותי, ומשום כך הם מוסיפים להיות אתאיסטים או אגנוסטיקנים כל ימיהם. לפני שנים רבות, כאשר הקוסמונאוטים הרוסים הראשונים שבו לכדור הארץ מן החלל, שאל אותם חרושצ'וב: "ראיתם שם מישהו?" כשהשיבו שלא ראו איש הכריז חרושצ'וב בצהלה שיש בידו הוכחה חותכת שאלוקים אינו קיים.

אנשים מתוחכמים יותר, שאינם מצפים לראות את ריבונו של עולם מתהלך אנה ואנה בגלימה לבנה, מבקשים ניסים כהוכחה לקיומו של אלוקים. אם אלוקים אינו מופיע בכבודו ובעצמו, לכל הפחות יופיע־נא באמצעות נס. אם אלוקים רוצה להוכיח את קיומו בלי לגלות את פניו, הוא יכול לעשות מופת מרהיב שאינו משתמע לשתי פנים. אולם כפי שהרמב"ם אמר לפני שנים רבות, מנקודת מבט פילוסופית הנס אינו מוכיח דבר וחצי דבר. נס מוכיח שדבר מה היוצא מגדר הרגיל התרחש, ותו לא. נס המנוגד למה שקרוי בפינו חוקי הטבע אינו אלא התרחשות מדהימה. הוא אינו נושא מסר. הפיכת כוס יין לפרח היא מעשה מרשים, מדהים וראוותני, אבל היא אינה יכולה לשמש הוכחה ששתיים ועוד שתיים הם חמש וחצי או שיש אלוקים. אין שום קשר בין הדברים. גם ים שנקרע לשניים ועמוד אש אינם מוכיחים דבר מלבד קיומם שלהם.

טענה זו שניסים אינם יכולים לשמש הוכחה לקיום אלוקים רווחה בתקופה שבה המדע היה נוקשה בהרבה משהוא היום. בימינו הטענה הזאת אינה משכנעת כל כך. מה ההבדל בין המדען בן המאה התשע עשרה למדען בן המאה העשרים? אילו הופיע שד לפני מדען בן המאה התשע עשרה הוא היה אומר לו: "אינך קיים". מדען בן המאה העשרים יביט בו ויאמר: "אתה תופעה". המדען רק מציין ברשימותיו שראה תופעה שעוצמתה קטנה או גדולה.

מימי קדם ועד היום, אנשים רבים מבכים את העובדה שאיננו רואים עוד ניסים, ואילו אחרים תוהים מדוע פסקו הניסים. אולי ניסים עדיין מתרחשים, אבל איננו רואים אותם, וכאשר אנחנו מבחינים בהם הם אינם משכנעים אותנו. בטרם נוכל לעמוד על משמעות הנס עלינו להאמין שיש לו משמעות. אם איננו מאמינים שאירוע יכול לשאת משמעות, לא נראה שום התרחשות ניסית. כוחו של הנס לשמש הוכחה אינו טבוע בנס עצמו; הוא תלוי בנכונותנו לקבל את התופעה כנס. אם לא נרצה לראות את התופעה כנס, לא נראה שום נס, ותחת זאת נסביר שהיא צירוף מקרים, תופעה בלתי מוסברת או פשוט דבר שהתרחש – זאת ולא יותר. ומנגד, אם אני מאמין שלאירועים יש חשיבות, שיש להם משמעות מעבר לעצם התרחשותם, אינני זקוק לתופעות על־טבעיות חריגות כדי לראות ניסים. אם אני נכון לראות ניסים אני יכול פשוט לטייל ברחוב ולראות את השמש הזורחת, ודי לי בנס זה. אם אינני נכון לראות ניסים, אפילו שלושים מלאכים מרקדים לא ישפיעו עליי כלל. אני אצלם אותם, אשלח את התמונה לעיתון, ובכך זה יסתכם.

הדברים האלה אמורים כמעט בכל דבר ועניין, בכל תחומי הידע. ראשית עלינו להאמין שיכולה להיות משמעות לעובדה או לרצף אירועים, ורק לאחר מכן נוכל לפרש את האירועים. אם איננו מבקשים משמעות, הדברים פשוט קורים בלי סיבה; ומדוע לא? דודי עליו השלום ישב פעם ברכבת וקרא ספר מדע פופולרי. כעבור זמן מה אמר האדם שישב מולו: ״אתה נראה אדם אינטליגנטי. מדוע אתה קורא ספר מטופש שכזה? הסתכל איך קוראים לו!״ כותרת הספר הייתה ״מדוע האש בוערת?״. ״מה הבעיה?״ שאל דודי, והזר השיב: ״איזו מין שאלה היא זו? אם אינך מדליק אש, היא לא תבער. ואם תדליק אש – מדוע לא תבער?״ אם שאלה כלשהי נראית חסרת

פשר, לא יהיה לנו עניין בה. איננו יכולים להרחיק מעבר לנקודה הזאת בשום תחום: במדע, בפוליטיקה, בתאולוגיה וכן הלאה. הצלחת הניסיון לצרף רעיונות או אירועים וליצור מכלול בעל משמעות תלויה במחשבה שהמכלול הזה קיים.

דוגמה שיכולה להמחיש את העניין היא רעיון הכתב. אדם היודע לקרוא ינסה לפענח גם משפט שכתוב בשפה אחרת, אפילו אם סימני הכתב זרים לו. אדם שאינו מכיר את מושג הכתיבה ולא ראה כתב מימיו, יראה במילים לכלוכים ותו לא. אם איננו סבורים מלכתחילה שלשאלה מסוימת יש משמעות ופשר לא נשאל אותה.

אם אנחנו נכונים "לקרוא" את הניסים נמצא בהם משמעות רבה מאוד, בין שהם נראים על־טבעיים ובין שהם נראים טבעיים או שגרתיים בתכלית. אם אינני מאמין שיש מסר, לעולם לא אנסה לגלות מהו. אילו נשאלתי "מה המסר בכיסא הזה?" הייתי עונה שאין בו שום מסר. לא הייתי מנסה אפילו לברר מדוע זו צורתו. אילו האמנתי שהכיסא נושא מסר, תגובתי לשאלה הייתה שונה לחלוטין. העובדות אינן יכולות לשנות את דעתי; הדעת מפרשת את העובדות. מחשבותיי באשר למה שראוי לחפש יכתיבו אילו שאלות אשאל.

אנשים בעלי נטיות אינטלקטואליות מחפשים את אלוקים בעזרת הוכחות פילוסופיות. ספרי תאולוגיה ופילוסופיה רבים מלאים בשפע של הוכחות ממין זה. אולם שום הוכחה לקיומו או לאי־קיומו של אלוקים לא תשכנע את מי שאינו רוצה להשתכנע.[4] אי אפשר להפוך אדם שאינו רוצה להאמין למאמין. אין בנמצא דבר שיוכל לשכנע אותו להאמין, אלא אם כן הוא נכון מלכתחילה

4. נושא זה הוגדר יפה בספרו של עמנואל קאנט, **ביקורת התבונה הטהורה**, מוסד ביאליק, תשי"ד.

לקבל אותו כהוכחה. אם אינו מוכן לכך – בין שהצדק עימו ובין שטעות בידו – שום הוכחה לא תהיה משכנעת בעיניו ולא תשפיע עליו לשנות את דעתו. אם נציג הוכחות לפני אדם כזה הוא יאמר: "אז מה? מה זה אומר?".

המחשבה שהנכונות לקבל טיעונים חדשים והוכחות תלויה בתפיסת העולם של האדם אינה מוגבלת לתחום האמונה; היא תקפה גם בתחומי חיים אחרים. עורך דין אחד תיאר בזיכרונותיו חוויה מעין זו.[5] הוא עבד בהתמחות בלשכת התובע המחוזי, והוטל עליו לשמש תובע במשפט כלשהו. לפני תום המשפט הוא השלים את תקופת ההתמחות והחל לעבוד במשרד פרטי כעורך דין זוטר. התיק הראשון שקיבל לידיו היה המשפט שבו הוא היה התובע לפני כן, וכעת הוא נדרש לשמש סנגורו של הנאשם. "אז", הוא מספר, "התחלתי להבין את הסובייקטיביות שבעניין. ההוכחות היו אותן הוכחות בדיוק, אבל פתאום הייתי חייב לנקוט את העמדה ההפוכה, וזה שינה את תהליכי המחשבה שלי".

הבעיה הזאת אינה פוקדת רק עורכי דין: בכל מקום נראה שאין חירש כמי שאינו רוצה להאזין. למרות כל זאת יש לזכור שלהוכחה ולאמונה אין כמעט נגיעה למציאות. אם יתארו את מראה הג׳ירפה באוזני אדם הנוטה להטיל ספק הוא יאמר שהתיאור אינו סביר; ג׳ירפות הן יצורים משונים מאוד. לא סביר שיש ג׳ירפות בעולם, ולכן הוא אינו מאמין בקיומן. האם לג׳ירפה אכפת אם אנחנו מאמינים בקיומה? האמונה שלנו אינה משפיעה עליה כל עיקר. כוכב מאדים, גלקסיית אנדרומדה והג׳ירפות יוסיפו להתקיים גם אם לא נאמין בקיומם. יש להניח שהשאלה אם אנחנו מאמינים בהם או לא

5. סמי גרונמן, **זיכרונותיו של יקה**, עם עובד, תש״ו.

אינה טורדת את שלוותם. גם קיומו של אלוקים אינו תלוי באמונה או באי־אמונה שלנו, ואף לא בהוכחות לקיומו או לאי־קיומו.

כמובן, קשה מאוד לקבל רעיון שאינו מעוגן בניסיון החיים שלנו. בגלל נטייתנו להשליך את העובדות הידועות לנו על מה שאיננו יודעים, הידע המוגבל שלנו מצר את צעדינו. בספרות הערבית יש משל שמתאים לעניין זה (אף שבמקור הוא סופר לשם מטרה שונה לחלוטין). פילוסוף זקן נקלע לאי בודד עם תלמידו הצעיר. הוא גידל את הנער ולימד אותו את כל מה שידע. כאשר גדל הנער הוא שאל את הפילוסוף: ״כיצד באנו לעולם?״ הזקן תיאר באוזניו את התהליך. למרות חינוכו הטוב ונימוסיו המשובחים אמר הצעיר: ״אין שום היגיון במה שאמרת ואינני יכול להאמין לדבריך. אני יודע מניסיוני שלי שאם לא אנשום במשך שתי דקות אמות, והינה אתה מספר לי שחייתי בלי לנשום במשך תשעה חודשים! יש כאן סתירה לוגית ברורה, וזו הוכחה ניצחת לכך שהסיפור כולו הוא בדיה״.

הנקודה היא שהשאלה אם התאוריה מתקבלת על הדעת או לא אינה משפיעה על המציאות כהוא זה. בין שאנחנו מאמינים בתופעה ויכולים להסביר אותה ובין שלא, בין שאנחנו סבורים שהיא הגיונית ובין שהיא בלתי סבירה בעליל בעינינו, עובדה היא שתינוקות נולדים. אם משהו קיים הוא קיים אם נאמין בקיומו אם לא, אם נוכל להוכיח את קיומו אם לא. אין שום חשיבות לשאלה אם העובדות הגיוניות או בלתי סבירות לדעתי; דעתי אינה משפיעה על העובדות האמיתיות כלל. אפשר לנסות להסביר אותן בדרך זו או אחרת, אבל ההסברים שלנו אינם נוגעים למציאות.

עם זה, אף על פי שהאמונה או אי־האמונה אינן משפיעות על אלוקים, הן משפיעות עלינו מאוד. האמונה משנה את עמדותינו,

את דרכי ההתמודדות עם המציאות ואת מעשינו, ומסיבה זו השאלה דוחקת כל כך.

הדת היא מערכת יחסים פורמלית בין בני האדם ובין אלוקים. יש אנשים הדבקים בדתם מתוך תחושת שכנוע עמוקה, ואילו אחרים מקבלים אותה מטעמי נוחות, משום שהיא הנורמה המקובלת בחברה או פשוט מכוח ההרגל. האמונה פורמלית פחות ויש להניח שמצויה הרבה יותר. מנגד, אצל מרבית האנשים, להוציא כמה יחידי סגולה, האמונה גם יציבה פחות. כאשר חיינו מתנהלים כשורה פחות או יותר אין לנו הזמן או הצורך לחשוב על אלוקים. כאשר אנחנו שמחים וטובי לב אנחנו אומרים מדי פעם בפעם "תודה לאל!", אך בדרך כלל אין זו אלא אמירה בעלמא ואין לייחס לה משמעות. בעיתות אסון או כאשר שגרת החיים מופרעת צורך עז מתעורר בנו ודוחק לחפש משמעות. הצורך הזה אינו מוביל תמיד לאמונה, אך לכל הפחות הרצון להאמין מתעורר בנו. לפעמים אנשים מוצאים את עצמם במצב שבו הם צריכים להאמין באלוקים, בין שהוא קיים ובין שלא. אדם שנקלע פעם לרעידת אדמה תיאר את התחושה: "יותר מכול הייתי צריך משהו להאמין בו – אל או אליל – הייתי צריך להיאחז במשהו, משום שהעולם כולו התמוטט סביבי".

כאשר העולם מתמוטט – במישור הפיזי, הכלכלי או האישי – צורך עז במשהו שלא יושמד בתוך ההרס הכללי מתעורר בנו. אף שלא תמיד יש באותו "משהו" נחמה או תשובה, הוא מספק את הצורך בקביעות ובתחושה שיש לנו על מה לסמוך. משום כך בעיתות שבר אישי או אסון כללי האמונה מתחזקת. מנקודת מבט פילוסופית, אסון איננו טיעון טוב בזכות האמונה. גם במישור התאולוגי, אסונות אינם סיבה טובה להאמין באלוקים, אף על פי שבמישור האנושי אפשר להבין היטב את הדחף הזה. אמונה הנובעת

ממשבר אינה אמונה רגילה. בחלוף המשבר גם האמונה חולפת בדרך כלל. לפעמים אנשים מתביישים באמונה הפתאומית שהתעוררה בהם, אבל גם בלעדי המבוכה, על פי רוב אמונה ממין זה היא תופעה חולפת ולא שינוי בר־קיימא.

תקופות קשות ותקופות טובות אינן יכולות ללמדנו דבר על אלוקים, אבל הן מלמדות שבקשתו גוברת ונחלשת על פי הנסיבות. מה שקורה לנו בזמנים הקשים מעיד שיש בנו מקור פנימי של אמונה המתגלה כאשר אנחנו זקוקים לו או רוצים בו. בזמנים כאלה אנשים נזכרים פתאום בתפילות שלמדו בילדותם אף שלא אמרו אותן שנים רבות. אפילו אנשים שלא התפללו מעולם וודאי לא התכוונו להתפלל מנסים לפנות בדברים לאלוקים. ייחודה של התופעה הזאת אינו הצורך אלא העובדה שבתוך תוכם של ה"לא־מאמינים" יש די אמונה לתלות בה את תקוותיהם. בדומה לכך, אם אדם הנתון בצרה קורא "אימא!" קריאתו אינה מוכיחה שיש לו אימא או שאימו תבוא לעזרתו. הקריאה מעידה על הקשר העמוק בין אותו אדם ובין אימו ועל אמונו בה.

אפשר לזלזל באמונה פנימית זו ולתת לה מגוון הסברים רציונליים. אפשר לומר שהיא פרימיטיבית ומבטאת פחדים ותקוות עתיקי יומין, אבל שום ניסיון רציונליזציה אינו מוחק את הרגש. כמו רבים מן הרגשות הקמאיים, האמונה היא אבן מאבני הבניין של אישיותנו. גם הרעב, הפחד, המשיכה המינית והצורך בחברותא הם רגשות ממין זה. אומנם אפשר להתעלם מהם במשך זמן מה, אך אי אפשר לעקור אותם מן השורש. יתר על כן: תשוקות ורגשות בסיסיים כאלה, שקיומם קודם להשפעות התרבות ואינו תלוי בהן, טבועים בהגדרת האנושיות. הם קשורים לחלק מהותי מאוד של התודעה, והם התשתית לכל התהליכים הקוגניטיביים המתרחשים בתוכנו.

אומנם אפשר לווסת ולהסדיר את פעולת מרכיבי היסוד האלה של אישיותנו, לכבול אותם בכבלי ההיגיון ולקבוע להם גבולות, אבל אי אפשר להתעלם מהם.

האמונה באלוקים יכולה להיות תמימה וילדותית או מתוחכמת ומשוכללת. הדימויים של אלוקים שבתודעתנו יכולים להיות טיפשיים או בנויים היטב מבחינה פילוסופית. אך עיקרה של האמונה הזאת, כאשר מפשיטים אותה מכל המלל והקישוטים החיצוניים, הוא פשוט זה: יש משמעות לקיום. לפעמים יש שחושבים – אף שקרוב לוודאי שטעות בידם – שהם יודעים בדיוק מהי המשמעות הזאת, ואילו אחרים רק מהרהרים בה. מכל מקום יש אמונה מוצקה, הקודמת לכל מחשבה – אם רציונלית אם בלתי רציונלית – שלכל הדברים יש משמעות כלשהי. הדברים שאנחנו חווים בחושים ובתוכנו אינם אלא מקטעים מן האמת. הצלחתנו לצרף את חלקיקי המידע זה לזה נובעת מן האמונה האפריורית שיש ביניהם קשר, והאמונה הזאת קודמת להיגיון.

קבלת הנחת היסוד הזאת היא ההימור הראשון והבסיסי ביותר. היא אינה חוויה כי אם אמונה. כמובן, מרבית האנשים לא יתארו את קבלת ההנחה הזאת כאמונה דתית ולמעשה לא יראו בה ביטוי לאמונה. אולם כאשר מנתחים אותה כראוי מתגלה שהיא קרובה עד מאוד לאמונה באלוקים, למגינת ליבם של האנשים המפחדים מהרעיון. אמונה זו דומה לאמונה שהעולם קיים: היא התשתית לקשר בינינו ובין כל הדברים בעולם, ומבחינות מסוימות היא בסיסית ממנה.[6] אמונה עמוקה ומולדת זו מתגלה כאשר משילים מעלינו את החינוך שקיבלנו בילדותנו ומסירים ממחשבתנו את כל מה שנאמר

6. רנה דקארט, **מאמר על המתודה**, תרגום יהושע קנז, ספרי עליית הגג, 2010.

לנו על האמונה בהיותנו ילדים. או אז עלינו לענות על השאלה ״מהו אלוקים״, אך לא במישור פילוסופי המתיימר להציג הגדרות אובייקטיביות, אלא מתוך ניסיון להבין לכל הפחות ״מהו אלוקים בשבילנו״. לשם כך עלינו להיפטר מכל המבנים והדימויים שכבר יצרנו ושלמדנו מאחרים, משום שהם מטשטשים את דמות האמונה האמיתית. עלינו לבקש את התשובה עמוק בתוכנו, במחשבות הראשוניות ביותר שיש בנו – להתחיל מבראשית.

אנחנו מתחילים לחשוב זמן רב לפני לידתנו. עוּבָּרים חושבים, שהרי מוחם מפותח למדי בחודשי ההיריון האחרונים. יש הוכחות מדעיות שתינוקות חולמים בהיותם הרחם – יש במוחם דפוסי הפעילות החשמלית האופייניים למצב חלימה. על מה העובר חולם? ייתכן שלעולם לא נקבל תשובה מלאה לשאלה זו, משום שאנחנו שוכחים את החלומות שחלמנו לפני שנולדנו, יהיו אשר יהיו. על מה העובר חושב? אולי מתעוררים בו ניצני המודעות העצמית: אף על פי שהוא עודנו חלק מגופה של אימו, כבר יש לו מוח ותודעה משלו. אולם עובּר אינו יכול להגות בדבר מלבד התאולוגיה. השימוש במושג תאולוגיה בהקשר זה נראה כבדיחה. מובן שהעובר אינו מנסח את מחשבותיו במילים, משום ששכלו טרום־תודעתי ולא שֵׂכל מודע המשתמש במילים. המילים מקבלות משמעות רק בתקופת הבגרות (ולפעמים גם אז הן נותרות חסרות פשר). אולם העיסוק בתאולוגיה אינו מחייב בהכרח דיונים ארכניים ועתירי מונחים (שאיש אינו מתעניין בהם). ביסודו של דבר התאולוגיה היא ״דעת האל״ – או כל מערכת של חשיבה עליו.

מתברר שעובּר, שאין לו כמעט חוויות הבאות מבחוץ, יכול לחשוב על שני עניינים בלבד. העניין הראשון הוא ״אני״, והשני הוא ״הכול״. הכוליות לבדה קיימת. אם ננסה להלביש את המחשבה

במילים ייתכן שזה יהיה נוסחה: ״אני עטוף בכוליות ההוויה; הכוליות מצויה בי ומחוץ לי. היא המזון והמחסה, יסוד הכול, האין־סוף״. בשלב מאוחר בהרבה נאמר אולי שהעובר חשב על רחם אימו, אבל מנקודת מבטו הרחם היה היקום כולו, ההוויה השלמה שבתוכה התקיים. ראשית החיים בחוויית כוליות נטולת הבחנות. כאשר התינוק נולד הוא נתקל באין־סוף פרטים שאינם קשורים זה לזה, ועליו לעיין בכל פרט ופרט ולשלבו איכשהו בתודעתו.[7] אפשר לומר שהתינוק שוכח את מה שידע לפני לידתו.[8] היכולת שאנחנו רוכשים כעבור זמן, כאשר אנו מתבגרים ומתפתחים, להפיק משמעות מצירוף חלקי המציאות זה לזה מבוססת על חוויית הקיום שלפני הלידה.

האמונה שכל הדברים מצטרפים למכלול בעל משמעות היא האמונה הראשונית והבסיסית ביותר, ולמרבה הפרדוקס אפשר שהיא גם האמונה המתוחכמת והמופשטת ביותר. היא בסיסית עד כדי כך שהיא קודמת לכל דוקטרינה מסודרת. אומנם אין היא הגדרה לאלוקים, אבל המחשבה שיש משמעות והיגיון בעולם, שיש רקע ויסוד לכל הדברים, פשוטה כל כך וברורה כל כך שאיננו עומדים על כך שהיא שורש כל האמונה. לפעמים אנשים מבוגרים מרגישים את המחשבה־הרגשה הבסיסית הזאת בנסיבות מיוחדות. פרויד טבע את המונח ״הרגש האוקיאני״ לתיאור ההרגשה הפוקדת אותנו

7. זה השלב שבו כל תינוק עובר מתאולוגיה טהורה לאפיסטמולוגיה – הוא מגדיר את התפיסה ואת ההשגה, מבחין בהבדלים בין אמת לשקר, ובתוך כך מגלה את משמעותם הבסיסית של הדברים הקיימים.

8. רעיון זה מתואר בתלמוד (נידה ל ע״ב) בצורה פיוטית יותר. נאמר שם שזמן ההיריון הוא התקופה המאושרת ביותר בחיי העובר: ״למה הולד דומה במעי אמו? לפנקס שמקופל ומונח... ונר דלוק לו על ראשו וצופה ומביט מסוף העולם ועד סופו... ואין לך ימים שאדם שרוי בטובה יותר מאותן הימים... ומלמדין אותו כל התורה כולה... וכיון שבא לאוויר העולם – בא מלאך וסוטרו על פיו, ומשכחו כל התורה כולה״.

לעיתים בעומדנו לפני הים הגדול: המודעות לממדים הכבירים, העוצמה, המשיכה.

ככל שידיעתנו מגעת, האמונה הזאת מצויה גם בשבטים הפרימיטיביים ביותר: תפיסה מוניסטית או מונותאיסטית של שלמות. הפוליתאיזם אינו אמונה בסיסית או יסודית אלא ניסיון מתקדם יותר להבחין בין עניינים, לפרק את רעיון הכוליות האחידה לחלקים נפרדים וממשיים יותר, חלקים שקל יותר להגדיר ולזהות. ההתפתחות הזאת גם הרסנית, משום שהיא מנתצת לרסיסים את האינטואיציה הבסיסית שלנו. כדי להשליט סדר והיגיון בשיטה הפוליתאיסטית פיתחו המאמינים מיתולוגיות והסברים לכל ישות וישות. דורות רבים חלפו בטרם שבו לרעיון האחדות.[9]

אחרי ככלות הכול, התשובה היחידה שהתאולוגיה והפילוסופיה יכולות לענות על השאלה "מהו אלוקים" זהה לתשובת תינוק בן יומו: "אלוקים הוא כוליות הכול". כתבים מיסטיים אומרים על אלוקים את מה שכל ילד יודע. בספר הזוהר נאמר: "אנת הוא שלימו דכלהו" – אתה הוא השלמות של הכול.[10] ההבנה שאלוקים הוא "שלמות הכול" פשוטה למדי, והיא אינה מציירת תמונה מאנישה של אלוקים. אי אפשר לצייר אותה בדמיון כלל. ההבנה הזאת קרובה אלינו כל כך וטבועה בנו כל כך שהיא בלתי נראית כמעט.

עם זה, הרעיון הזה מופשט מאוד וקשה להביעו במילים. על פי רוב ילדים צעירים מכדי שיוכלו להביע את אמונתם כהלכה, וכאשר מתפתחות בהם התודעה והשפה הם אינם מסוגלים עוד לראות את העולם אלא במקטעים נפרדים. ייתכן שבשלבים המוקדמים

9. ראו **משנה תורה** לרמב"ם, הלכות עבודה זרה פרק א.
10. **תיקוני זוהר**, הקדמה, יז ע"ב.

בהתפתחות הילד מסוגל להבין את האחדות, ואם לא יקלקלו את אמונתו היא תהיה עימו באשר ילך ובאשר יחיה. סוד האמונה הוא לא לצפות לניסים או לחוות חוויות מיסטיות נשגבות אלא לשמר את הרעיונות הטבועים בנו מלידה.

במקום להרבות דעת עלינו לפרוק מעלינו את כל המילים והרעיונות המיותרים והמזיקים. אם נצליח להגיע אל גרעין קיומנו ולפתח בזהירות את נקודות התשתית של תודעתנו, נגלה שאלוקים היה בתוכנו מאז ומעולם.